한성근 시집

닿을 듯이 멀어지는 우연처럼

한성근 시집

닿을 듯이 멀어지는 우연처럼

산사나무

시인의 말

지나치기 쉬운 삶을 덧그려 본 오롯한 기억 속에서
바람이 떨쳐 낸 귀울림에 막무가내 사로잡혀
부질없는 일이려니 하면서도
허황된 욕심 끝에 매달린 허세를
구름처럼 펼쳐 온전하게 부리고 싶었던가 보다
더 나은 내일 위해 내딛는 걸음걸음
흔들림 없이 설 수 있다면
지나온 거리에 편승할 시간을 잣대질할 때까지는
하루가 다르게 세상은 요지경일 텐데
두 팔 걷어붙인 진실된 마음 하나
세월 저편 기슭에 부려 놓으면 그만인 것을
오한처럼 드리워진 사위어간 꿈 다시금 굽어보려
온갖 정성 다한 삶이었는지 재우쳐 물어
송사리 떼 같은 눈을 뜬 잰걸음으로
바로 지금 이 순간에만 허물 벗듯 충실하기로 하자

2025년 여름을 틈탄 어느 날
한성근

목차

시인의 말 - 5

1부 남겨진 시간 위에 앉아

지금이라는 이 순간 - 13
첫차를 기다리는 사람들 - 14
새로운 지평을 향해 - 16
채색된 세월 속의 하얀 백지처럼 - 17
물수제비뜨듯 내달려야 할 - 18
남겨진 시간 위에 앉아 - 20
갈피 잃은 욕심에 갇혀 - 21
생각을 생각하는 동안 - 22
가슴 미어질 듯하거든 - 24
부여안은 후회를 뒤집어쓴 채 - 25
하루 끝에 서서 - 26
정색을 하고 - 28
시치미 따듯 - 29
제 속을 덩그러니 비워가며 - 30
늘 새로우라고 일깨우고 싶은 - 32

2부 꿈이 남긴 귀울림에 사로잡혀

행복이란 디딤돌 같은 것 - 37

하나의 마음이 되어 - 38

오랜 다짐 무너진 뒤에야 - 40

잊히지 않는 기억들만 기억해 달라고 - 41

햇살 한 줌 풀어놓은 채 - 42

귓바퀴에 소리를 담아 - 44

어느 때와 다름없이 - 45

마주 보는 빈손을 다독거려 - 46

부유浮游의 끝자락에서 - 48

꿈이 남긴 귀울림에 사로잡혀 - 49

너울에 기대어 그리움 띄울 때마다 - 50

닿을 듯이 멀어지는 우연처럼 - 52

그때 그 시절 - 54

잊고 지낸 날들을 찾아 - 55

떨려 온 아침 속으로 냅떠 달리다 - 56

마음 8 - 58

마음 9 - 59

하해지택河海之澤 - 60

3부 한 줄의 참회록을 쓰듯

힘들다고 생각할 때마다 - 63
제 무게를 벗어 놓고 - 64
지켜야 할 약속처럼 - 66
남은 것 하나 없이 - 67
쥐었다 편 손 드리울 적에는 - 68
한 번쯤 마주치고 싶은 기억 속에서 - 70
남을 위한 배려 - 71
뒤돌아보는 지난날들 - 72
식은 찻잔 서둘러 덥히며 - 74
한 줄의 참회록을 쓰듯 - 75
있는 힘껏 목청을 돋워 - 76
낮과 밤의 틈바구니에 놓여 - 78
믿음에 가닿지 못한 떨림조차 - 80
가슴에 새긴 못다 한 말 - 82
마음 10 - 84
마음 11 - 85
춘래불사춘春來不似春 - 86

4부 이제 와서 생각해 보니

먼 훗날의 뒤안길에서 - 89
어둠을 꿰매는 사람들 - 90
오로지 오늘뿐인 것처럼 - 92
타고 흐르는 천상의 소리여 - 93
그리울수록 걱정에 사로잡혀 - 94
아버지의 빈 자리 - 96
한가윗날 조상님께 - 97
약속이나 한 듯 - 98
마음 둘 곳 바이없어 - 100
물음표를 내던지며 - 101
이제 와서 생각해 보니 - 102
기다림조차 멀어져 간 - 104
애써 못 잊은 누군가를 향해 - 106
마음 12 - 108
마음 13 - 109
그때 좀 더 귀 기울였더라면 - 110

5부 밝아 오는 여명을 지켜보려

잇닿은 기다림의 끝에서 - 113

묵시의 웃음 날릴 동안에 - 114

잊힌 이름들의 기억 좇아 - 116

그리움을 키우며 - 117

밝아 오는 여명을 지켜보려 - 118

사는 것이 하염없을지라도 - 120

하루의 꼬리를 늘여 - 121

무엇 때문에 바람은 밤새 울어대는 것일까 - 122

기억이 벗어던진 시간의 거리만큼 - 124

저무는 어느 날의 단상 - 126

돌이켜 본 삶의 자세 - 127

해맑은 어린이의 얼굴 - 128

너를 맨 처음 본 순간 - 129

마음 14 - 130

마음 15 - 131

여태 뭣하며 살아왔나 싶을 때마다 - 132

한성근의 시세계
행복의 꽃을 피울 때까지 |
　　차성환(시인, 육군사관학교 국어철학과 강의전담교수) - 135

1부

남겨진 시간 위에 앉아

지금이라는 이 순간

제 분수 모른 욕심만 갖춰 살아가는 사람들의 모양새에서
감추어 둔 버성긴 속마음까지 여지없이 내비친 순간
심상한 눈꼬리 섧게 에두른 생각 너머로
더 남아 있을 것이 무엇일지 죄어치듯 조바심 내 본다

돌이키기 어려운 것들을 들추기 위해 이야기를 풀치며
드문 비바람 속에서도 표정을 잃지 않은
금간 하늘이라도 붙잡아 보려 했던 날들의 연속이었다면

아리도록 시퍼런 서슬이 역성든 채로 바라보아야 할
이르러야 할 곳의 미로를 향해
숨죽인 채 숨을 고르며 한 발짝씩 옮겨 보리라

새삼스럽게 손 내밀어 가리켜 줄 표지 그 어느 곳에도 없어
바라던 날들이 행여 오지 않을 지라도
북받쳐 오른 가슴 하나 있으면 그만인 것을
설핏한 눈빛으로 웃음까지 잃은 채
어쩌다 천 근 같은 무력감에 휘둘려 머뭇거리지는 말자

첫차를 기다리는 사람들

서슴지 않고 첫차를 기다리는 사람들의 고단한 어깨 위에서 말라 버린
  새벽이슬 바라보고 있을 적엔
  저마다 지닌 그늘진 사연 짐작해 볼 수 있으리라

온몸 던져 그려 놓은 운명처럼 오고 간 사람들의 눈길 사이를 가로질러
  신발 끈 고쳐 매어 동동거리는지

터 잡은 외로운 밤 지나와 한 번 더 불 질러 보자는 아침 햇살에 둘러앉아
  서슬을 세워 하룻날 시작하려 한 지금 이 순간
  거친 숨결 도르며
  결코 포기할 수 없는 앞날의 설계도 함께 있으리라

떠나간 자리마다 발자국의 두께만큼 사그라지지 않은 온기로 남았는 듯
  더 먼 곳을 가리킨 한숨 같은 염원도 있었을 텐데

풀리지 않는 세상사 달래보기 위함일까
눈물에 씻기운 얼굴로 허공에다 내지른 주먹이 날 더할수록 미망에 빠질지라도

삶이 그렇게 만만한 것이 아니란 걸
막다른 골목에서 적막을 깨우는 발걸음으로 떠돌다가
눈 밖에 벗어난 것들 이제라도 어루더듬어 고립의 늪에서 벗어나면 어떨까 싶다

흐르는 강물도 이따금 길을 잃으면
때를 기다려 물방울 하나 둘 다시 모으듯이
뒤미처 올 무기력한 마음가짐으론
가슴 저민 외로움 견뎌낼 수 없을 테니

제 힘 겨루려는 일들이 줄지어 몰려들지라도 숨죽여 주저앉은 채
꽁꽁 언 손으로 손사래 치는 후회 따윈 하지 말기로 하자

새로운 지평을 향해

저리도 웅숭그리는 어둠의 발자취를 밤새 태연스럽게
예사로운 눈초리로 훔척거리던 바람조차
털어내듯 맞갖잖은 어깃장 놓으려 한 것인지
덩달아 지켜본 사람들이 고갤 가로젓는다

명상에 든 빈 들녘 못마땅한 표정 알은체 안 한 듯이
떠나간 것들 돌려세워 덧게비치다가
빈 메아리만 남은 허공이라도 붙잡으려 했던 것일까

못내 조바심친 생각들로 세상모르고 둘러싸인 채
등 뒤로 몸을 숨긴 기억들을 불러 세울 때마다
찻잎 우린 손길 위로 내려앉은 달그림자를
마지막 순간의 머릿속에 각인시켜 보고 싶었을 테지만
무지개 같은 보랏빛 마음만 서걱거렸을 게야

내버려두어도 꼼짝 않은 기척 알 길 없어
잠시간 동안이라도 미혹의 사슬에서 벗어날 수 있다면
어금버금한 한숨 따윈 내쉬지 말기로 하자

채색된 세월 속의 하얀 백지처럼

마냥 숨길 수 없는 속내가 훤히 보인 것들 헤아리다가
여태껏 제 잘난 멋으로 살아온 줄 알았는데
세상이 나를 키워주고 있었단 걸
뒤늦게나마 어렵사리 정신 가다듬어 깨우쳤을 땐

말로는 형언하기 어려운 노을빛 사이로
그 언젠가 마주쳐야 할 멋쩍은 사람들뿐일 테니

아찔한 벼랑 끝에서 발을 떼야 하는 숨 가쁜 순간마다
시름에서 벗어난 지난날과 견주어 보려면
마음속에 깃든 해설픈 상념들을 떨쳐내고 일어서서
가녀린 열정만큼은 쏟아내야 한단 명제를
어느 곳 어느 자리에 있을지라도
살아가면서 지켜야 할 도량度量으로 뼛속 깊이 새겨

누구도 대신하기 어려운 마중물이 되기 위하여
햇살 한줌 동그마니 말아 짐을 꾸려
바람에 흔들릴 적에도 망설거리지 말자 가다듬어 본다

물수제비뜨듯 내달려야 할

  늦은 오후 나른해진 햇살 위로 잠자코 머문 산그늘이 바람의 어깰 슬겁게 치며 내려앉는다
  너를 향해 한꺼번에 꺼내 놓을 수 없었던 얄망스러운 나의 그리움도
  손익은 자리에서 암묵의 징표와 뒤엉켜
  벌써 빛바랜 날들 속에 함께 있었다 불씨를 부채질한 석양을 뒤로 하고 해거름 언뜻 엉거주춤 할 때면 목청 도드란 몸짓이 줄지어 요지부동인
  연민으로 가득 차오른 눈동자에 너를 채워가며 귀엣말로 기도하던 불면의 모습 떠올려 본다
  두 주먹 불끈 쥔 채 아랫도리만 발기하던 숱한 날들의
  후회 없는 사랑은 이루어질 수 없는 것인지
  더 좋은 구실을 핑계 삼아 뒤쫓아가다 보면 어느 때나 닿을 수 있으리라 여겨 온 기다림 속의 애달은 울림으로 메아리쳤을지도 몰라
  숨 막힐 듯 어른거린 시야가 좁혀지는 동안
  가까이 있었으나 해묵은 생각들을 뒤집어쓴 척 떠나보낸 알량한 어깃장 등 뒤로 곁달지 않았더라면
  이토록 긴 시간 예정된 헤어짐은 없었을 텐데

형체도 없이 흩어져 버린 소쇄한 흔적들이 귀 기울이지 않아도 어디선가 이미 늦어버린 듯 시려 온 발 동동 구르게 할 것만 같아
멋쩍은 떨림은 제멋대로 아쉬움에 쌓이는구나
어디로 가는지조차 묻지 않은 숙성 중인 서글픔이 명치끝에 서슬 시퍼렇게 남아 있어
이제 곧 불 지피고 곡哭을 해야 할 거추장스러운 밤은 찾아오고
찬 이슬 내리는 소리 엎치락뒤치락 들릴 성싶다
가누지 못할 작은 가슴 쓸어내리며 지새울 밤이 있어 그나마 조금은 씁쓰레한 위안이지만
가까스로 모양새를 떠받친 정좌한 사람들조차
사금파리 같은 웃음만 남긴 채
아무것도 묻지 않고 바르집는 것을 봐도
눈길 머무르다 보면 남겨 놓은 결 따라 지워지지 않는 상실의 아픔과 맞닥뜨린 버둥거림
물수제비뜨듯 내달려야 하는가 보다

남겨진 시간 위에 앉아

어정뜨는 잔광 아래로 지나간 일들이 떠밀려와 아롱진다
목소리를 낮추고 귀 기울여 들어 보면
공연히 보낸 날들의 떨림 속에서
햇살에 부서져 내리던 제 모습 감추려는 듯
여운마저 날려 보내야 할 애욕을 안쫓렀을 것이다

굽이쳐 흘러온 세월도 제풀에 겨워 잊혀진다 하지만
연민과 마주친 걱정 어쩌지도 못한 채
추억의 긴 그림자 움켜쥐려 했던 그 즈음부터
몇 번이고 사람들을 불러 세웠을 것 같아
노드리듯 스스로를 돌아볼 때마다
잊어버리고 싶은 부끄러운 순간들은 늘어 갔을 테니

생때같은 바람이 찢어질 듯 아슬아슬하게 불어와
닿아야 할 곳 가장자리라도 닿을 무렵
팽팽한 두 선이 한자리에서 만나야 할 운명처럼
어쩌다가 알아채지 못한 것인지
켜를 지어 놓은 욕심 내려놓기란 힘에 겨운 일인가 보다

갈피 잃은 욕심에 갇혀

뜬눈으로 지샌 날들이 먼 지평선 너머로 멀어져 간다
자칫 흔들리기 쉬운 하늘 밑까지 지키려 했었다면
물색없는 가슴만 허구한 날 치다가
누군가 훔쳐간 무거운 한숨 들이마시며
민낯 드러낸 창밖을 마냥 바라볼 수밖에 없었을 텐데
여기저기서 빌려 쓴 구색까지 갖추려고
침묵 속에 갇힌 공간에 부동의 자세로 사로잡혀
젖 먹던 힘까지 아귀차게 몸을 던져 소용돌이쳤겠지만
흉내에 불과한 가냘픈 날갯짓이었을 테니
사방의 둘레가 넓다지만 하나밖에 없는 삶이기에
우연으로 눈을 가린 만남과 마주친 순간부터는
낯선 이방인처럼 차림 해선 안 되겠다 싶어
한 세상 뉘우칠 나이바퀴에 닿아서야 어렵사리 깨달은
내친 마음 발끝 세워 다짐해 보았을 지라도
가진 것 아무것도 떨쳐내지 못한 채
언뜻 스친 길로 한시바삐 서둘러 사라져간
뉘우칠 줄 모르는 사람들의 몰염치한 모습에 달아올라
제바람에 부쳐 주저앉진 말기로 하자

생각을 생각하는 동안

제 부끄러움 덮어씌운 꼼짝 않는 날들을 끌어당긴다
낯 두꺼운 변명으로도 소용없을 것 같은
흔적마저 자취를 감춰 버린 어슴푸레한 기억들이
불쑥 먼 내력 앞세워 아름아름 되살아나와
어줍은 똬리를 틀고 앉아 사유思惟의 사유事由를 하나씩 꺼내
깊은 곳까지 들춰 볼 적마다
몇 번이고 헛디딘 발목이 휘청거렸다
마른하늘 아래서 보란 듯 꽃피우고 싶은 속셈이야 누구라도
부려 본 수작일 성싶어
아물지 않은 생채기를 달래려 저 혼자 새벽이슬 밟는
못 잊을 정 잊지 말자 여윈 눈물 깨물어 다짐해 보지만
가들막이 들려오는 뿌리치지 못한 유혹들을
단단한 옹이의 마디 위에 걸어 놓은 채
한결같은 모양새로 너무 오래 버티다 보면
낡아 빠진 고집 속에 갇혀 버린 억지가 센 껍데기만 남아 처음
과 끝은 터무니없게도
늘 명치끝을 기웃거린 근심걱정들로 장사진을 칠 텐데
마음 한구석 비우는 일이 그리 쉬운 일이더냐고
멋모르고 떠오른 연민의 편린들이 외곬으로만 멀어져갈 땐 살

아온 궤적만큼 애가 달아 안절부절못할지라도
  시퍼렇게 울음 타던 그때 그 시절로 돌아가
  뒤척이던 바람 소리 밤새워 들으며
  내가 몰랐던 것들 위해 늦은 용서 빌려고 한다
  때로는 주저로운 그리움에 목말라 하면서
  수면 아래로 가라앉았을지도 모르는 순간들에 대하여
  떠오르면 이내 지워지고 지워졌다 싶으면 벌써 제 자리를 서성거렸을 뜨악한 모습 앞에 두고
  쉴 새 없이 빈 술잔 채우듯
  무념의 자세 바로 하려 닦아세워 보련다
  지금 당장 어디엔가 있을 것만 같은 다짐의 뜻을 품은 눈빛들이 스스로를 비춰 보기 위해
  되풀이하여 길을 잃던 갈림길에 선 채로
  여미지 못한 가슴 남몰래 열어 보려 했던 것들 한 올 한 올 풀쳐내면
  희망찬 미래를 꿈꾼 사람들 모두
  더욱 밝아진 모양새로 절망의 그늘 벗어날 수 있으리라

가슴 미어질 듯하거든

휑한 가지마다 바람에 내몰린 날들 늘어 갔었는데
꺼질 줄 모른 욕망의 불씨처럼
희미한 기억들이 아근바근 되살아 나온다

어디선가 가위 눌린 신음 소리 들려온 듯하여
가만히 들여다본 시름에 겨운 눈망울로
삶의 무게 헤뜨리지 못한다 해도
저물어가는 어리석은 그늘만은 벗어나고 싶어

비록 가진 것 데면데면하다지만
마음씨 여린 사람들끼리 자기 번민에 빠질 때마다
흉허물 터놓고 이야기 나누다가
아물지 않은 생채기도 있는 만큼 끌어당겨
다툼질 없이 아우를 수 있다면

해 질 녘 가냘픈 어깨 감싸 쥔 가로등 아래서
깊어가는 밤의 열기에 취해
풀지 못한 제 속 애면글면 털어내면 어떨까 싶다

부여안은 후회를 뒤집어쓴 채

언제쯤 긴 기다림을 무릎 아래로 내려놓아야 할지
세상모르고 잦아든 햇살 아래 멈춰 선 것 같아
어디선가 함성 소리 가마득하게 들리는 듯하다
부여안은 삶의 궤도 위를 쉼 없이 달려온 사람들조차
어느 순간에 이를 때마다 후회를 뒤집어쓴 채
도틀어 잊힌 한 줌 흙이 되어
장막을 드리운 품 안으로 안겨야 할 텐데
금방이라도 잡힐 것 같은 먼 훗날을 회상할 적이면
착시의 끝에 매달린 것들 조금씩 내려놓으며
헛디딘 발걸음 만날 계속하여 제자리걸음 뛰듯
무심히 스러져간 결빙의 시간 속에서
스스로의 삶에 어정잡이로 들이밀었으리라
헤아릴 길 없는 기억들의 보풀을 모아
바람 끝에 매달려 오직 한 곳으로만 너울거린다 해도
꿰뚫기 위해서 볶아치듯 겨냥한 화살처럼
뒤틀린 사연은 누구나 간직하고 있기 마련일 테니
덩달아 골똘해진 내면의 두려움 걷어내고
비탈이라도 움켜쥔 나무처럼 당당해지기로 하자

하루 끝에 서서

갈피를 잡지 못한 생각들로 하루를 꽉 채우는 동안에도
바람은 아직 잦아들지 않았는데
누군가 쏟아낸 눈물 서너 방울 여울져간다
기를 쓰고 속을 태워 살아가는 방법에만
열중하기로 마음 굳힌 모양이다

낯선 변방의 길섶 따라 내딛은 발이 얼어붙을 적마다
구겨진 걸음 속에서 저릿한 한숨 소리 들려올 뿐
복원되지 않은 옛 시절과 금세 겹쳐진다

머물러 본 적 없는 길의 끄트머리에서 오롯이 한 번쯤은
때 절은 박수갈채라도 받기 위해
어디선가 본 듯한 땀방울로 기다리는 법 깨달아 본들
한낮의 침묵 속에 묻어 둔 회한만 하랴만

볶아치던 얄망궂은 숨결 어떻게 달래야 할지 궁글리다가
저무는 가을녘 서걱거리는 갈대처럼 제 몸 흔들어
비워낼 순 없을까 새삼스레 서둘러 본다

어금니 깨물어가며 바르다고 믿어 어렵사리 선택했다면
종작없이 마구 따라오던 그림자를 돌려세워
가슴 한구석에 깃든 물갈퀴 같은 힘줄 북돋워 주듯

숨길 수 없는 진실과 각을 세운 거짓의 틈바구니에서
되바라진 날들 달래려 한 시선은
지워질 약속을 깨뜨릴지도 몰라 못 본 척하자

벼랑에 선 나무가 더 두텁게 뿌리내린단 사실 성찰하여
서로 의존하고 힘 모아 하나를 이룬다는
삶의 본보기가 될 말들 서늘한 전율에 아로새겨
더 이상의 날선 반목은 뿌리칠 수 있도록

박음질한 옷깃 사이로 감기우는 눈에 어려 여운에 쌓인
보이지 않을 만큼의 면면을 낱낱이 비춰
혼자 남겨질 두려움까지 다시금 지워야 할 것 같아
낯설게 느껴지는 하찮은 것에도 두루 걸림이 없게
분별없어진 열망했던 날들은 시방 지워 버리기로 하자

정색을 하고

하얗게 해뜨린 묵언의 밤을 지나와
새들마저 미처 깨어나지 않은 동틀 무렵에 이르러서야
어둑한 두 선이 마주친 곳에 장승처럼 서서
가파른 데로만 흐르던 날들 좇아 보려고
스스로의 품에 안긴 마음의 결을 겸연스레 다독인다
어디 한 번 날아보자 얼어붙은 들판 끝으로
지지 않는 꿈 날마다 빌어 쓰며
시새움으로 길들여진 꽃피우던 시절 들추어 본 것은
비루를 삼킨 무릎 세워 단단한 결의 불태우듯
안간힘 쏟뜨려가며 푸서리길 걸어서라도
작은 가슴 겸허히 열어 보겠단 뜻이었을 텐데
채울수록 감당할 수 없는 무게로 나둥그러질지도 모른
스쳐 지나간 욕심에 온통 발이 묶여
앞뒤 못 가린 사나운 체면 보여줘선 안 될 것 같아
어둠이 구석도 없이 고개를 넘을 때까지
처음부터 애씌워 기다리다 보면
다정한 온기로 가들막하게 닦아 세울 날들 아우를 테니
눈가에 젖어든 희망의 끈 놓아 버리진 말자

시치미 따듯

온갖 가지 기억들을 등 뒤로 나지막하게 들이뜨려서
돌아서는 길목에 매달아 놓았다가

머나먼 길 굽이굽이 돌아 휘감겨 드는 허공을
눈앞에서 곁달아 버르집어 지켜볼 듯이
부르튼 발목 부여잡으려 했으니

낭떠러지 끄트머리에 위태로이 서 있는 것처럼
둘러싸인 곳마다 회한으로 가득 차면
알 듯 모를 듯 드리운 그물 속 눈 감고도 지나온
보이지도 않던 바람은 날마다 불어댈 텐데

알고도 에두른 척 내면의 소리 키워가며
참아내지 못한 시린 아픔의 어름 벗어나기 위해
한 점 그늘도 없는 마음 흔들릴 때마다

가던 길 어디냐고 추켜세워 묻고 싶은
회오리처럼 거세지다 미간으로 떨어진 혼잣말이었다

제 속을 덩그러니 비워가며

어머니
감돌아드는 얼굴 모습 바람 끄트머릴 스친 듯하더니만
요 며칠 동안 날씨마저 무척이나 얄망스럽습니다
당신의 나지막한 밭은기침 소리
눈앞으로 홀연히 쏟아져 내리는 것 같아
땅거미 뒤집어 입은 거리를 쉴 새 없이 바라다봅니다
찬 기운에 움츠러든 사람들도 견디다 못해
꾸다 만 꿈의 발원지로 혼곤히 돌아가고 있는 것인지
금세 해님도 가던 길 서두릅니다
오늘도 망설임 끝에 어렵사리 밤이 찾아올 즈음
하루를 내려놓으며 발걸음 멈추려 합니다
노을의 빛깔 드리우다 지쳐 버린
조바심에 겨운 가로등도 제 속을 덩그러니 비워가며
슬픔을 감싼 허전함에 이를 적에는
고래등같이 엎드린 산비알은 되알진 약속 띄워 놓고
그리움의 갈피마다 모개로 젖어 깨어날 미혹에 감쪽같게 사로잡혀
굳은살 박인 고독을 한 움큼씩 들이밉니다
다신 돌아오지 않을 발치 아래 엎드려 일탈을 꿈꾸다가

무턱대고 집어삼킨 미완의 독백처럼
　가슴 한구석은 어느덧 그악스러운 시름으로 차오릅니다
　언젠간 영혼을 짊어지고 사라지려는 듯
　외따로우니 몸을 말아 초록빛 다부졌던 언덕길에 갈잎으로 떨어져서
　저리도 두런두런 바스락거립니다
　되는 대로 날 세운 엄동설한도 어쩌다 놓칠 뻔한 뒤틀렸던 모퉁이를 팽팽하게 잇대어
　초점 잃은 눈빛으로 드넓은 벌판 내달려 보아도
　남달리 번져간 회한이 막연한 불안과 마주칠 때마다
　못갖춘생각은 바닥을 드러낸 채
　머지않아 가는 길 막지른 봄기운에 아근바근 밀려
　앙당그러진 겨우살이 짊어지고 자취를 감출 것입니다
　날 선 어둠은 까만 먹물 내뿜으며 온 누리 차지할 기세인데
　저도 이젠 심상한 눈꼬리 묶어 둔 모국어 몇 자 추슬러
　한층 더 깊어진 무명無明의 침묵에 망설임 없이 잠기렵니다
　창밖엔 여전히 허공을 여윈 바람이 떠돌고 있습니다

늘 새로우라고 일깨우고 싶은

아련함에 휩싸인 채 이따금씩 한숨 소리만 내쉴 뿐
그대로 꺼내 보일 수 없는 그리움이었다

무섭도록 시리게 타오르던 명치끝 응어리들까지
이를 데 없이 어색하고 민망하여
천리 밖에서도 누군가의 이름 부르다가
파도처럼 아름거린 거친 숨결 토해내고 있었을까

모든 것은 허구한 날 생각하기 나름이라 하지만
뻗쳐오른 흔적 지울 때마다
넘쳐 나는 후회 허공에 내팽개치려 부산 떨었을 텐데

노을에 드리운 까마득한 시간의 낯모른 가장자리부터
헤덤빈 그림자를 지우려는 듯
육신의 허물 벗어 버리려고 동동걸음 칠 때를 골라
깃털보다 더 가벼워진 차림으로
에두른 고독 속에 검질기게 펼쳐 놓은
아름아름 사라져간 겸허한 모습들을 떠올려 본다

바람으로 스며들다 먼 하늘만 바라보는 목어가 되어
아무도 알지 못할 오래된 기억까지 내세워서
잔물결 위로 띄워 올린 환한 표정지은 채
무릎 바로 곧추세우고 되새겨 보면 어땠을지

텅 빈 가슴 움켜쥐고 망설임도 없이
하고 싶은 이야기 애써 참아 가며 걱정을 견뎌낸
잊히지 않는 어느 날의 환상처럼

내일을 붙잡고 한 걸음 두 걸음 나아가기 위해선
희망 실은 눈으로 동동 구르며 잠 못 이루던
가녀린 스스로를 흔들어 깨워
밀려왔다 밀려가 버린 옛 시절 들춰 보려 했을 테니

알려주지는 않았지만 묻어 둔 속내까지 드러내 놓고
믿을 수 없게 된 눈가림에 온 신경이 쏠려
목 놓아 소리쳤던 그 짧은 동안을
행복과 불행을 저울질할 자막대기로 이용하진 말자

불꽃같이 너울거렸던 하찮은 믿음에 모두 다 사로잡혀
비릿한 욕망들로 가득 채우려 했었다면
저녁 해가 내려앉기 전에 서릿발 같은 차림 갖춰
볼 때마다 내키는 대로 손짓하려무나

걸핏하면 외면했던 여러 눈길들도 떠올라
몹시 곤혹스러운 처지에 무턱대고 몰리게 될지라도
차마 발걸음 돌리지는 못할 거라며
기다리던 날이 오지 않는다고 냅떠 들이덤비진 말자

최선을 다해도 후회는 후회 속에서 후회를 낳을 테니
힘든 고비마다 하늘 무너질 것 같거든
세월의 무게 내려놓고 떠나간 사람들에게
붉디붉은 눈[眼] 속으로 들어와 층을 이뤄 머물도록
다시 떨어질 듯한 벼랑 위에 서 있는 듯
늘 새로우라고 애면글면 재우쳐 물어 일깨우고 싶다

2부

꿈이 남긴 귀울림에 사로잡혀

행복이란 디딤돌 같은 것

모든 것을 다 얻은 것처럼 제아무리 가진 것이 많다 하더라도
뒤꿈치 들고 치올려 줄 사람 그 어디에도 없다면
빈 들녘 바람 앞에서 자세 잡기 어려울 텐데
누구나 우러러볼 가치 있는 삶이라 말할 수 있을까요

손으로 쥔 것이 조금밖에 안 돼 내세울 것 변변하지 않을지라도
제풀에 떨어질 웃음 하나 짓기 위해 쳇바퀴 돌리는
소소한 일상의 모습에서 즐거움은 솟아나지 않을는지요

행복이란 아주 먼 훗날에 다가오는 것이 아니라
한 생애를 꾸려 나갈 동안 채울수록 마음의 얼룩 씻어내듯
머릿속을 차지한 아귀찬 어리석음 바로잡아
절망에 부딪쳐 살얼음판 위를 걸을 적에도 움츠러들지 말라고
언제나 매잡이가 되어 줄 디딤돌 같은 것이거늘

바로 지금이란 순간에 한 곬으로만 전념하여
켜켜이 쌓아 놓은 인고의 마음가짐으로 스스로를 기움질할 때
자연스럽게 발걸음 옮기며 찾아오지 않을까 싶다

하나의 마음이 되어

그리움과 기다림을 뒤섞어 놓은 날들 속에서 설핏하게 떠돌던 생각 되새겨 보았지만
  지워서는 안 될 기억의 내력까지 가물거리는 듯하여
  잠재운 꿈 펼쳐 봐야겠다고
  사막의 모래바람보다도 더 주저로이
  스스로를 아우르며 부리나케 달렸어야 마땅했던가 보다

  한 길 물속만 넘나들던 어설픈 자맥질로는
  고요 속의 열 길 물속까진 어떻게 하든 알 수 없어
  주저앉은 무릎 다시 일으켜 세우기 위해선
  어떤 아픔도 그대로 참고 견뎠더라면 좋았을 텐데

서슴없이 쏟뜨리는 주위 사람들의 말이나 볼썽사나워진 행동으로 가슴속 행여 멍들거든
  불편한 얼굴로 사무친 회한에 휘둘려
  그때마다 초승달처럼 주춤거리며 제 발등만 찧지 말고
  엉킨 매듭 풀어나갈 실낱같은 지혜를 집중시켜
  묵묵히 가야 할 길 오롯하게 가기로 하자

   초침 소리조차 미끄러지는 가파른 낭떠러지에 기대서서
   불같이 발화하지 못했단 뉘우침으로
   피할 수 없는 날들과 대면할 수 있다면
   의도하지 않은 방향으로 자칫 접어들었다 할지라도 이 또한 열심히 살아왔단 증표가 아닐까 싶다

   세상 밖으로 내디딘 걸음걸음에 둘러싸인 사연까지 모두 못질하듯 매달아야만 했던
   말 못 할 우여곡절은 누구라도 있기 마련일 테니

   일순을 다퉈야 할 미혹의 아침에 이르러
   눈뜨자마자 무섭도록 더 외로운 침묵 깨뜨리며 명심해야 할 것은
   이왕에 먹은 마음 옴나위없이 지키기 위해
   자기 분수에 만족할 줄 아는 서릿발 치는 촌부의 염원만은 거듭 잊어버리지 않았으면 한다

오랜 다짐 무너진 뒤에야

어디에 내세워도 부끄럽지 않을 일세一世를 풍미했지만
어느 때쯤 모두 다 떠나야 할 한순간에 가선
가진 자와 없는 자의 분별은 의미가 없어진다는데
하나같이 발가벗은 빈손이기 때문이리라

마음속엔 아득바득 제 것만 탐하다가
남이 볼 땐 자비로운 가면을 쓰고 데면데면 둘러치는
끝도 없이 부풀어 오른 욕심주머니를
정색하고 붙들어 안은 채 눈시울 붉힌 사람들까지

훤히 보인 물속처럼 투명한 여명 속에서도 그때마다
잦지 않게 다가올 날들 마중하기 위해서라면
입발림으로는 아무도 들여다보지 않는 몸짓인양
날개를 솟구쳐 허공이라도 끌어안으려 버둥거렸을 테니

바람에 휩쓸려간 발걸음 소리 무심코 들으려고
깨닫지 못한 허물을 다짜고짜 꾸짖어
뒤척거린 자리마다 생겨난 오독汚瀆은 씻어내야겠다

잊히지 않는 기억들만 기억해 달라고

실그러진 해를 바라보며 어둑한 지평에 기대어 본다

오래도록 곁들이는 날들이 될 것이라고 언제나 입방아를 찧곤 했었는데

저절로 지쳐 하루를 여미지도 못한 채

맨날 똑 같은 말만 쳇바퀴 돌리듯 되풀이하고 있다

안개 속 같은 세상살이를 섣부르게 어찌해 볼 묘책이야 없다지만

시간이 지날수록 자꾸만 눈뜨는 것들 붙잡기 위해

막무가내 건너 뛰어 달릴 수도 없을 듯하여

오늘만큼이나 안타까움으로 꽉 찬 순간 속에서도

누군가의 위로가 절실해질 때면

지나온 길을 제 손으로 지우고 가야 할 우리네 삶에

정작 잊히지 않는 기억들만 기억해 달라고

알 듯 모를 듯한 생각들이 가까스로 떠오를 전환점으로 삼아 보면 어떨까 싶어진다

시작하지 않으면 아무것도 얻을 수 없다는 오래된 상념에 골똘히 잠겨

침묵을 깨뜨린 웃음 띤 얼굴로 다가서기로 하자

햇살 한 줌 풀어놓은 채

오랫동안 바라던 기막힌 절정에 마침내 다다른 듯
온갖 가지 색깔로 기염을 토한
나뭇잎 위로 내려앉은 햇살 한 줌

제 모습 망가뜨려 버린 앙금까지 풀어놓은 채
별난 일깨움이라도 남기려고
내킨 대로 득달같이 곧장 죄어쳐갈 때

고개를 흔들수록 알 수 없는 것들이 밀려 들어와
허공에 걸린 지평선 바라다보며
누추한 욕심으로 가득 찼던 되바라진 발자취를
깊숙이 손을 넣어 이르집고 싶었을 테지만

얄망스러운 순간과 부딪쳐 하마터면 속을 뻔했던
허둥지둥 번져간 시야 속에서
미지의 틈새 덧칠하려던 손길들이
버려진 꿈의 모난 테두리를 확인하려 할 적마다
머릿속을 꽉 채운 것들은 무엇이었을까

이제는 사람들 눈에 닿지 않아 돌아설 길도 없게 된
오래된 생각 속으로 숨어들어
공허한 메아리만 남길 속셈이었는지
발걸음마저 떨어질 기척은 보이지 않는다

여전히 지울 수 없는 가슴에 맺힌 응어리로 남아
무서리 내린 들녘만큼 적막해지면
채울수록 더 요란스럽게 목말라 하는 야멸찬 곳으로
쓸쓸함에 지쳐 멀어져 가야 할 텐데

마음 저민 한줄기 바람 속으로 두 발 들이밀었으나
가는 세월만큼 곧바로 잊힌 척
멈춰선 자리에 먼 산처럼 서 있다가

내가 모르는 많은 것들 금방이라도 돌려세운 뒤에는
놓칠 뻔한 날들이 있을지도 몰라
마지막으로 떠오를 길 하나 찾아 보련다

귓바퀴에 소리를 담아

저물어 가는 밤의 더 짙은 여음 만들기 위해
미명을 사르려고 도스른 시간에 기대어
가늠하기 어려운 수심愁心 헤적여 본다

어둠에 끌려가는 한 자락의 무지갯빛 속에서
천상의 소리로 희망과 사랑 노래하려 한 사람들이 멀찍감치 소용돌이칠 때까지
한 번 더 기쁨에 겨워 가슴 미어질 듯하거든

가시지 않는 허망한 욕심덩어리를 붙안은 채
삽시간에 감은 눈 다시 뜨면
마음과 마음 쉼 없이 이어지며
초라한 발자취 더듬어 구겨진 꿈 펼쳐 보일 텐데

이제라도 멋에 겨운 한 시절의 가뭇없는 사연들이 먹먹하게 스러질 수 있도록
돌고 돌아 지난날들 떠올려 볼 적마다
추억처럼 다다른 길 위에 서 있어야겠다

어느 때와 다름없이

　몇 번이고 헛디뎌 휘청거렸을지라도 날마다 반복되는 일상과 맞닥뜨리기 위해선
　　다른 사람들보다 한걸음 재바르게 달려 나가
　　제 한 몸 꿋꿋이 여며 불사를
　　비바람에 젖지 않을 공간이라도 차지했더라면
　　이것보다 더 큰 보람은 없을 줄 알았는데
　　떠나온 저 끝 지금 와서 돌이켜 보니
　　여미지 못할 약속이라도 허리 휘도록 간직하여
　　눈에 밟힌 보잘것없는 일들의 기억조차 아침 햇살에 포개 보았어야 점차 빨라지는 발걸음에 스며든 눈물 몇 방울 거두어들일 수 있었을지 모르겠단 생각을 해 본다
　　질곡의 소용돌이 속에서 기를 펴지 못하는 사람들의
　　슬픔을 베고 누운 절치부심 되뇌일 때마다
　　켜켜로 쌓아 놓은 무거운 욕심도
　　들리는 듯 물을 땐 한 낱 티끌일지도 모르지만
　　끝날 것 같지 않은 기약 없는 해한解恨에 들 때까지는
　　복받쳐 오른 미련 송두리째 불태우고 있을 여윈 손길이라도 어루만져 주고 싶다

마주 보는 빈손을 다독거려

어스름 너머로 새벽이슬 떨쳐내며 내달리다 보면
스쳐 지나간 날들 벙글거리고 나와
사뭇 어리석기 짝이 없었던
적막조차 모른 체했던 순간들을 불러 세운다

갈 곳 잃은 바람 따라 파문처럼 번져간
헤살 부리던 기억들의 긴 한숨 소리 외면할 수 없어
미세한 헛디딤에도 흔들리던 발걸음은
일면식도 없는 그리움에 잠겨
우두커니 앉아 귀밑머리까지 붉어지곤 했었는데

어둠에 휩싸인 돌기 위에서 밤새워 도드라진
망각의 가장자리까지 떨쳐내며
기다림을 키우는 고뇌의 영상과 마주칠 때마다
끝도 없는 사연들이 가슴으로 파고들어가
절은 때 헹궈내듯 편애의 그물 짤 수 있을지 몰라

갈 길 아직 아스라한데 걱정스러운 낯빛 한 채
조심스레 지나친 흔들렸던 시절 드리우듯 한데 모아

생판 모른 에움길로 돌아갈지라도
온 정성 다 기울인 몸가짐으로 한 생애를 바라보려고
되알지게 여문 무르팍 일으켜 세우기 위해
허튼 욕심에 사로잡혀 발만 동동 구르지는 말자

산다는 것은 마주 보는 빈손을 다독거려
정처 없이 떠돌다가 노을빛 가로지른 저녁 길 위로
빈 마음 하나 남겨 두고 떠나가야만 하는
불가해의 행로인지도 모르겠구나

꿈결같이 사라져간 시간들을 버르집어 수소문하여
슬픔을 견디지 못한 옷매무새 흐트러지지 않게
조바심 내며 드리운 희망의 전언들이
시작부터 마지막 순간까지 고루고루 닿을 수 있도록
눈썹처럼 남겨 놓을 발자취를 그려 봐야겠다

부유浮游의 끝자락에서

빈 가지 끝머리를 바라보던 눈길이 휘돌아서 나가려는 듯
이르집어 되바라진 날들 내려놓지 못한 채
콘크리트처럼 단단한 슬픔을 알아차린 것이다

가는 길이 조금씩 다른 미로를 온전하게 곁달기 위해
비릿한 생의 무성했던 날들까지 돌아보며
죄어치듯 오달지게 몰아붙일 동안
가슴 밑바닥에 쌓인 생채기 달랬더라면

누군가 가리켜 준 출구조차 없는 질곡의 늪에 이르러서야
귀 기울이지 않아도 들려온
해종일 새어 나오던 긴 숨소리 잠재울 수 있었을 텐데

바람 불 적마다 점차 또렷해진 속도로
풋사과 같은 꿈을 모아 두 팔 벌려 떠돌다가
그칠 줄 모르는 탐욕의 자리를 빈 여백으로 남길 때까진
마음에 새긴 푸념 따윈 들이뜨리지 말자고
낡고 바랜 묵은 신발끈 힘주어 동여매기로 하자

꿈이 남긴 귀울림에 사로잡혀

무서리 내릴 즈음 가랑잎으로 나둥그러지면서도
집착의 뿌리는 잘라내지 못한 채
습관처럼 배어든 욕심에 잠겨
제 발등 찍으며 만들어 놓은 고립된 순간들을
쫓기듯 주저앉아 마름질해 본다

명멸하는 불빛 사이로 빗금을 그어 놓고
사방의 둘레만큼 가로놓인다 한들
미련에 이끌린 사람들이 머뭇거리지 않고 손 내밀어
누군가를 일으켜 세울 수 있다면
서툰 몸짓 바로잡으려 한 마음 생떼라도 부려
한 발짝 더 다가설 수 있을지 모르겠구나

외로움의 고비마다 여명의 빛은 찾아들 테니
탈색된 그림자를 떼어놓기 위해
붙잡아 놓은 날들 속에서 덧게비쳐야 할지도 모른
옴짝달싹할 수 없는 걸음이라도
오히려 추상같이 옮겨야 할 것만 같다

너울에 기대어 그리움 띄울 때마다

뭍으로 오르는 환상에서 깨어나지 못한 채
하룻길 따라 저물어간 어스름에 들면
단 한 번도 제자릴 떠난 적 없는 어깨띠 두른 섬들이 물수제비뜬 파도가 그려 놓은 자신의 모습을 들여다본다

묻어 둔 기억 속에서 흔적조차 모호해진 그림자 좇아
이름밖에 모르는 낯선 항구에
나지막이 닻을 내려 한 생을 건너온 푸른 꿈 펼쳐 들고 머무르고 싶었던
막다른 밤으로 숨어든 순간들이 어느새 출렁거린다

누군가 버리고 간 뱃고동 소리만 괜스레 텅 빈 목소리로 얄망궂은 분위기 메어 보려 애쓰우지만
가냘픈 목마름 추슬러
다시금 떠오를 달 그림자 드리운 긴 기다림에서 벗어날 수 있을는지

사라지지 않을 두려움 여원다는 생각 씻어 낸 뒤엔
예나 지금이나 울어예는 바다 위를 날아가고 싶은 불꽃같은

마음 북돋우려는 듯
  일러준 대로 무너져 내린 가슴에 심지를 돋워
  이루어지지 않은 소원들을 아우르려 할 테니

  해질녘 섬그늘에 멋쩍은 듯 앉아
  하늘과 맞닿은 수평선 끝 휘돌아 나간 옛 맹세와 언성 높여 맞닥뜨릴지라도
  내 것 아닌 것들 속절없이 다독이다가
  눈동자 하나씩 맞댄 섬들이 지르밟은 저녁노을 쓸쓸히 걷어낼 동안에도
  뭍으로 오르는 환상 속에 잠겨 있을 것 같다

닿을 듯이 멀어지는 우연처럼

마음속으로 감돌아드는 행복과 불행의 근원은 무엇이며
소유와 무소유를 구분 지을 경계선은 실재한 것인지

뇌리에 깊이 박힌 물상物像이 사라질 때쯤
닳아 없어진 변명은 하고 싶지 않다는 자격지심으로
멈춰 선 전열을 처음부터 가다듬어
한 번뿐인 삶 옴나위없이 풀쳐 버리려고
에두른 모서리마다 모양새를 갖춰 나갈 수 있었다면

집채만 한 욕심 가들막하게 두 눈에 채운 뒤에는
옹기종기 모여 앉아 밤을 지샌
지난 일들 끄트머리까지 도슬러서
속세의 번뇌 다 떨쳐 버리려는 듯 불호령을 내렸으리라

떠나왔던 자리로 아슴찮게 뒤돌아간 얼마 동안은
겉과 속 버릇없이 도두보인 시간 사위스레 불러들인 뒤

힘겨운 길을 향해 가는 사람들과 걸음새를 맞출 때마다
탐탁지 않았던 날들은 마땅한 비밀에 둘러싸여 있었겠지만

세상 밖 이야기 두어 토막 베고 누워
발끝을 재촉하는 바람 따라 무작정 구르다가
온종일 성근 웃음이라도 흩뿌렸더라면 좋았을 것을

지금까지 이루지 못한 것들 먼 산 보고 엉거주춤한 채
잠 못 이루던 밤에 어설픈 고백이라도 하려는 듯
새삼스러운 모습으로 긴 한숨 소리 곁달아
몇 걸음 앞서 가다 장벽을 등진 고요 깨뜨리려 했었을까

놓친 후에 꽉 쥔 손에서 버둥거린 여운을 일러두기 위해
너나없이 똬리를 튼 어기댄 회한에 안겨
보다 멀리 보내지 못한 언저리만 맴돌았을 텐데
닿을 듯이 멀어지는 철 지난 꿈 우연처럼 지워 버리려

보이지 않던 하늘이 따가운 눈초리 곧바로 보낼 때를 골라
탐욕을 여읜 삶이었는지 정색하고 캐묻고 싶다

그때 그 시절

이어 닿은 그리움이 저녁노을 위에 쌓여 있는 듯
어릴 적 뛰어놀던 나지막한 언덕배기
시방 막 눈앞으로 어리우는구나

떼 지어서 차례로 줄 선 얼굴들 한걸음에 달려와
변함없는 모습 술래잡기한 채
떠올려도 떠오르지 않은 이야기를 풀어헤쳐
동그마니 설 수 있다면

발자국도 없이 명멸하는 불빛 속으로 사라져간
떨쳐 버리지 못한 옛 기억들을
처음부터 되새김질하여 붙잡아 두기 위해
지평에 누워 미동도 않을 때까지 들추어 봤을 텐데

오한처럼 드리워진 망각의 순간 덧그리면서
꿈에서도 간직하고 싶었던 날들 기웃거렸던 것은
가늠조차 어려운 사유思惟의 경계를
단 한 번도 넘나들지 못했기 때문인가 보다

잊고 지낸 날들을 찾아

허공을 떠돌던 해가 눈앞에서 기울어져 가고 있다
오다가다 헤아려 본 세월 속의 무심한 날들을
무릎까지 돌려세우는 것이냐고
한참 동안 섧게 물든 시름에 잠겨
못다 이룬 엇갈리는 꿈결과 묵묵부답 마주쳐 본다
끝 간 데 없이 그리움 밀려와 너울거릴 때면
가녀린 너의 모습 떠올려 보면서
부서져 흩어진 무슨 변명이라도 해 볼 심산으로
성에꽃처럼 얼어붙은 기억들만 걸터듬어 보았지만
고요를 흔들며 따라오는 뒷걸음에
빈 술병 앞에 두고 넋두리하듯 메마른 가슴을 친다
이별은 언제나 눈시울 뜨겁게 하지만
또 다른 해후를 예고하는 것인지도 모르겠구나
갓 피울 날들 안간힘으로 떠올라
언젠가는 만날지도 모를 것 같단 뜬소문을 모으다가
옴짝달싹 못하게 다짐한 순간부턴
잔망스러운 일체의 생각 단번에 지워 버리려는 듯이
잊고 지낸 날들을 찾아 고개라도 끄덕거려야겠다

떨려 온 아침 속으로 냅떠 달리다

꼬리를 무는 풀리지 않는 생각들을 안추른다

눈시울 면면 물들이며
되돌려야 할 순간들이 밤을 패가며 온다

내 것 아닌 일상의 꿈속에서
얄망궂은 뒷모습 잡아 보려 부단히도 터울거렸는데
기다리고 있는 것은 메아리만 집어삼킨
늦부지런한 허공의 숨소리뿐
시작과 끝이 맞갖지 않아 이르집은 날들 엮어
설익은 미혹의 고개 잗다라니 훔척거렸다

옥죄인 질곡의 이랑 속에서 노드리듯 쏟아 낸 채찍질이
살얼음판 위 맛문한 걸음발로
헐렁대는 신발짝으로
숫눈길에 어긋버긋 놓인 자취로 남은

제풀에 겨운
슬픈 짐승 같던 미완의 시절이었다

지난 시절 너나없이 들춰낸 뒤엔 아플 만큼 후무려
낙차 큰 숫자들을 어름적거리는 동안
지평 너머 떨려 온 아침

다짜고짜 타오른 한줄기 햇살과 맞붙기 위해서라도

직심스런 앙가슴 댕돌같이 여민 채
판설은 무르팍 일으켜 세워
응등그러진 마음이나마 펼쳐 들고

드리워 봐야겠다 닿아야 할 사방의 테두리에

마음 8

내딛는 걸음마다 침묵을 깨면 더 나아질 것 같아
다문다문 귀 기울려 보았지만
홀로 그늘진 산그림자를 못 본 체할 수는 없어
못내 조바심치며 앙가슴 쓸어내린다
신열에 옥죄인 꿈이 널브러져 있는
마음의 문 열어 다가서고 싶은 그곳은
놓친 뒤에야 뒤늦게 알아차린 후회 속이 아니던가
애씌워 바라보지 말고 망설거리지도 마라
풍화風化된 격정이 뜀박질하듯 차올라
안과 밖에서 소용돌이친 소리 들려오지 않느냐
가없는 삶의 길목에 깃들 아리따운 날들 떠올리며
먼 기다림으로 남겨두기로 하자

마음 9

목마른 기대를 뒤집어쓴 꿈결마다 함초롬히 수놓았지만
둘 데 없는 세월의 더께는 어쩔 수 없었는가 보다
인생살이 마지막까지 갔다 온 사람
세상천지에 누구도 없느니만큼
무엇을 본뜬 모습일지 형언하기 어려우나
아무런 실체도 없는 무無의 개념이 아닐까 짐작해 본다
바라던 삶을 마무리할 때까지는
두 손 모아 움켜쥔 겸허한 자세 정갈하게 하여
살아가기가 쉽지 않다는 걸 알아차린다면
모든 것은 지금 이 순간 어떤 마음 자세를 갖는가에 따라
행복하다 느끼면 넘치도록 행복하고
불행하다 입바르면 아무래도 불행할 성싶다

하해지택 河海之澤

　성긴 파지들이 설핏하게 누워 있는 리어카를 일흔 살은 훨씬 넘어 보임직한 할머니가 끌어가다 말고 발걸음 멈춰 세워 몇 발짝 뒤에서 발 동동 구르는 사십 즈음 중년 여자를 향해 오라는 손짓을 한다 눈앞에서 엄마가 멀어지면 안절부절못하는 서너 살 정도 지능을 가진 딸인 듯싶다 길 위에서 저들은 얼마나 많은 시간 동안 서로 마주보며 지냈을까 생각하니 기구한 운명에 가로놓인 두 모녀의 생애가 두서없이 한순간에 펼쳐져 금방 눈시울이 붉어졌다 저 할머니 가슴팍은 어쩌면 사금파리처럼 조각조각 금이 가 있으리라 한평생 자식의 손과 발이 되어 준 사랑과 헌신 앞에 새삼스레 절로 고개 숙여져 나는 내 어머니를 위해 마음 다한 정성 언제 한 번 기울인 적 있었던가 손꼽아 보니 접힌 손가락 하나 없다 얼음장같이 굳어 버린 발걸음 한 발짝도 떼지 못한 채 무슨 말 못 할 천형의 죄라도 지은 사람 마냥 시름겨운 두 모녀의 뒷모습이 어스름 속으로 멀어지는 것을 북받쳐 오른 고뇌에 찬 눈빛으로 고갤 떨구고 바라보다가 계속해서 희망의 불씨를 지켜 나가길 간절히 염원하고 있었다

3부

한 줄의 참회록을 쓰듯

힘들다고 생각할 때마다

묵묵히 제 앞길 열어 나가는 사람들의 허술한 꿈일지라도
두 번 다시 돌아오지 않을 삽시간을 깨우쳐
한 걸음 물러선 마음 움켜잡을 때
행복은 그 속에서 저절로 움트지 않을까 싶다

맨주먹 하나 움켜쥐고 먹물 같은 세월에 묻혀
푸르게만 고인 희망 촘촘히 새긴 청사진 떠올릴 적이면
도드라진 가슴은 터질 듯 두근거렸을 텐데

행복이란 먼 훗날에 다가오는 것이 아니라
바로 코앞에서 기척도 내지 않은 채
저마다 가부좌를 튼 모습으로 자리 잡고 있는 것 같아

지금이란 순간 잠재울 때마다 아렴풋한 눈시울에 드리워져
깊은 속내까지 알아차릴 방법 보이지 않는다지만
어둠과 빛의 틈바구니 채워 줄 생각 끝으로 깃든 믿음을
에두른 심연 속에 간직해가면서
아직 오지 않은 용기마저 잃어버리지는 말자

제 무게를 벗어 놓고

　세상에서 가장 아름다운 만남을 되짚어 본다면 참으로 애틋한 이별에서 연유하는 것이 아닐까 싶다

　한 번도 접해 보지 못했던 생각에 사로잡혀
　지난날들 한달음으로 다가오기도 하지만
　이파리 죄다 떨어진 나무들이 손 벌린 채 서 있는 숲속은 너무나 을씨년스럽게 보여

　이젠 사랑과 미움이 엇갈린 일상의 권태로운 모습들을 애를 태운 미소로 지켜볼 수밖에 없어 금이 간 자리마다 얄망궂은 순간 맞이해야 하는가 보다

　아무것도 걸치지 않은 맨몸뚱이로 발등에서 고이 잠든 가랑잎 바라볼 적이면

　제 몸 덮어 온기 더하는 눈물겨운 순리 앞에
　상처를 훑친 선명한 모양새가 잇몸을 다 드러낼 때까지 좋은 날들이 더 많았다고 저리도 몸부림치는 것일까

자기 자신 챙기기에 혈안이 된 사람들이 거품 물고 빈 하늘 우러르려 안달복달하는 것만 봐도
　맑게 씻은 살을 에는 꿈조차 발붙일 곳 없어

　쓸어 가는 길에 바람도 옷가지를 벗어 던진 채 공연히 목청 돋워 손사래 치다가
　뒤 한 번 돌아보지 말자 귀띔하는 잠깐 사이
　내려놓기 어려워 겨우 얻은 마음 내면에서 치솟아 올라
　혼자서 떠돌던 무변의 집착에 침잠해 버리는데

　길 잃은 영혼처럼 한 폭의 수채화 같은 무상無常한 풍경 속에서 바스러질 듯 몸 비비는 소리 들려와
　언제부터 외로움 쏟뜨리며 그 자리에 서 있었을는지요

　끝까지 남아 있을 그림자 하나 추켜세워
　이루지 못했지만 그래도 흐트러뜨리지 않으려 한 열정 끌어안고서 재우치는 문턱 에둘러 넘으려 한다

지켜야 할 약속처럼

움켜잡은 날들 영문도 모른 채 은연중에 가 버리고
오랜 시간 새삼스레 달라진 것도 예사로워
머릿속의 고뇌는 늘 불안과 함께 오는 것인지

나무토막처럼 굳어 버린 외마디 등줄기 위로
아침 햇살 실낱같이 내리비칠 때마다
선택의 기로에 선 암팡스러운 마음 가다듬어
쏟아지는 졸음 볶아치듯 물리치려 서성거렸을 테니

옹이 박힌 세상의 한가운데를 벗어나기 위해선
어두운 하늘 막지른 새벽별같이
언젠가 꽃 피울 순간 도슬러 가며
길어진 그림자만큼 더욱 밝게 비추려는 듯
꿈결에 맺힌 미로 속 굽어보다가

상상도 하지 못한 언저리에 닿아 보려 한 뒤부턴
차마 떨어지지 않은 발걸음 재촉하여
매 순간을 드리우고 힘차게 여울져 보리라

남은 것 하나 없이

   이토록 단 한순간도 무언가를 줄곧 잊지 못하는 까닭은
   신열에 들떴던 날들이 제멋대로 흩어져 이제는 그 흔적조차 찾을 수 없기 때문이리라

   저물녘 창밖에 풀어놓은 노을 속으로
   셀 수 없는 발을 달고 그리움이 한꺼번에 몰려들 적엔
   인적 끊긴 곳에 감춰 둔 마음 꺼내 든 채
   성글어진 이야기 나누려 한 걸음걸음은 하루에도 몇 번씩 헛딛었을지 모르지만
   푯말로 세운 빈 터에 암묵의 표시라도 하려 했을 텐데

   붉은 경적 울리는 날들 몇 번씩이나 떠오를 때마다
   깎아지른 가슴은 몇 박자씩 뒤늦게 술렁거리고
   기다리지 않아도 해는 저물려는가 보다

   이제는 명치끝에 걸려 있는 제 무게 감당하기 어려워 거듭해야 할 말들 내동댕이칠 때면
   사방의 둘레와 망설일 겨를도 없이 잇대려 한다

쥐었다 편 손 드리울 적에는

보이지도 않는 불 지핀 생각 어찌해 볼 수가 없어
바람의 발자국 따라 가만히 내달려 본다

혁명처럼 펄럭이던 무수한 날들 어둑해질 때마다
한 올 한 올 풀쳐 보지만
움푹 패인 가슴에 그리움으로 남아

머뭇거림이 많아질수록 꿈을 건져 올리는 사람들의
그림자에 새겨진 환영幻影처럼
마디마다 널브러진 상흔만 앞에 두고
저리도 뜸들이며 울컥거리고 있는 것인지

하려던 말 아무것도 마저 하지 못한 채
세월의 숫자 세어가며 그리던 순간에 닿으려는 듯
스쳐 지나간 것들의 형상들만 다시 잇대
그 의미를 어림해 볼 수 있다면

이제껏 깃들인 지난 시절 회오리치듯 풀어헤쳐
분초를 다툰 시샘 속에서 회한의 윤곽 붙잡기 위해

아무렇게나 날 세운 불면의 눈빛으로
자꾸만 돌아보고 돌아볼 도리밖에 없었을 테니

이슥한 밤일수록 어둠은 깊고 별은 빛난다는데
내 것 아닌 모든 것들 죄다 내려놓으며
아득한 수렁으로 영락없이 빠져든다 해도

지금 막 헹구어 낸 느즈러진 마음만큼 발 맞춰
여린 달빛에 취한 그림자 떨쳐내듯이
쥐었다 편 손 때맞춰 드리울 적에는
부러 모른 체했던 미상迷想의 기억 마침내 담아 보려

몽환의 시선 끝에 매달아 놓은 빈 술잔 가득하게
기다림에 지친 한 움큼의 침묵 띄워 놓으리라

한 번쯤 마주치고 싶은 기억 속에서

   하늘 끝을 팽팽히 휘어 당겨 세상 밖으로 풀어헤친 모든 여정에 귀를 띄워 연결시킨다 해도
   실금같이 배어든 아픔까지 끌어내리진 못할 것 같아
   지칠 줄 모르는 욕망을 옭아맨 채
   거슬러 올라가 한 번쯤 마주치고 싶은 기억 속에서
   띄엄띄엄 밀려온 야윈 어둠 앞에 닿을 즈음 아무렇게나 떠나가 버린 것들 볶아치듯 버르집는다
   맨손 짚고 일어섰던 방목의 한때로 돌아간 듯하여
   지르밟은 길이 보이지 않아 어쩌다가 깨달은
   미동조차 않던 발걸음 단명하게 추슬러 그때 쉽사리 곁을 내주지 않았더라면
   여러 번 기다리지 않아도 돌아서고 말았을까
   아귀찬 모습 더할 나위 없이 떠올리다가 험준한 단애 위에 매달려 있는 것처럼 애씌운 눈망울로
   회한을 에두른 쓰디쓴 마음 모른 척할 순 없어
   미혹에 빠져 어림잡은 미망을 걷어내며
   마지못해 도착한 슬픔의 무게 감당할 수 있었을는지 심통한 세월을 둘러맨 또 다른 나를 본다

남을 위한 배려

　못내 저무는 해를 등 뒤로 곁들이며 그날따라 지친 몸뚱어리 호기롭게 버스에 실었는데
　퇴근 무렵 직장인들 한꺼번에 몰려들어
　겨우 중심 잡고 서 있는 중에
　앞에 앉아 있던 사람이 선뜻 자릴 양보한다
　머뭇거리다가 고마움의 인사는 건넸지만 내 앞에 서서 당최 내리질 않는다
　그 모습 바라보자니 눈 맞추기도 무안하여
　마치 바늘방석에 앉은 기분이다
　금방 내리기 때문에 자리를 내어주나 보다 했는데 나이조차 지긋해 보여서
　겸연쩍은 마음 무겁게 켜를 두르며 쌓여만 갔다
　내려야 할 정류장에 이르러서 다시금 고마움의 표시로 눈인사를 가만히 보내자마자
　그 사람은 엷은 미소만 얼굴에 가득 띄워 놓는다
　하찮음을 깨달아 꿈을 엮는 동인처럼 여겨져
　작지만 또 다른 힘을 가진 훈훈한 인정미가 버스에서 내린 뒤에도 한참동안 여울지고 있었다

뒤돌아보는 지난날들

 벼랑 끝에 서 있는 것처럼 맞갖잖은 말을 해선 안 돼 아랑곳 않은 채 하루를 이울어 물결처럼 흔들리면서도 쉽사리 포기할 수 없다는 거 알고 있지 언뜻 열린 틈새로 누군가의 외침 소리 먼발치에서 들려오는 듯하다

 분명 들은 적 한 번 없었는데 스멀스멀 멋모르고 떠올라 어쩌면 어디선가 조금 전에 들었을 것 같단 착각에 빠지기도 했을 텐데

 모든 것을 다 알아버리면 결국에는
 모든 것을 다 잃어버릴지 모르니까

 기억과 망각 사이의 순간들을 떠올리며 흐드러진 마음 다 잡아 끊임없이 손 내밀 땐
 허방 어딘가를 딛고 일어선 악연들만 줄곧 떠오르겠지만

 아무것도 탓하지 않고 기지개 한 번 켜려는 부지런하고 아귀찬 날갯짓 지켜보면서

맨발로 걷는다 해도 부끄럽지 않을
자신만의 삶에 눈 맞추는 자세 갖춘다면
머릿속은 발걸음 내딛을 때마다 한 곳으로 집중할 수 있어 더욱 더 가벼워질 테니

이왕에 굳게 채비한 만큼 명료하게 힘을 내어 고난과 맞선 긴 그림자 드리우기로 하자

산마루를 향해 힘들여 고개를 오르고 있는 뭇사람들의 맛문한 발걸음 미루어 보아라
애써 털어놓지 않는다 할지라도
도스르는 밤의 정적에 잠겨

지나온 길 뒤돌아보면서 후회하지 말자 너도나도 입 모아 일순간을 성토하겠지만
그래도 가끔씩은 시름에 겨운 눈시울 붉히기로 하자

식은 찻잔 서둘러 덥히며

지나온 삶은 처음부터 외따로운 여명 속에 있었으나
쏟아지는 몇 가닥 별빛이라도 헤뜨리려는 듯
풀잎의 속삭임에 귀 내어주고
바람이 지절거린 산등성이를 바라보고 있다
마음속까지 비웠다고 다짐했는데
눈시울 붉어진 찻집에 고즈넉하게 앉아
떠나간 사람들의 이름 뒤미처 불러 보려한 순간
어디선가 이명 같은 소리 연신 들려와
생각만으로도 가슴 떨려 온다
하루 종일 가슴팍 내리누른 것들 어루만지며
기억 못한 무욕을 향해 전하고 싶은
겉모습 잠깐 드러낸 슬픈 그 한마디의 넋두리를 드리워
사랑하는 사람 눈물 그렁그렁한 채 기다리다가
입술마저 감쳐 물은 정적 속에서
꽃들이 벙글거리는 것 같은 그리움 일어
발끝걸음으로 다가선 날들 맞이할 수 있다면
그땐 식은 찻잔 서둘러 덥히며 제자리를 다독여 보리라

한 줄의 참회록을 쓰듯

속속들이 어우러져 나풀거리는 저리도 고운 잎새들을
처음 마주친 두근거림으로 바라다보며
연초록 머물던 자리에서 눈물이 난다고 속삭여 본다
마음 다하여 은빛 날개 펼쳐 들고
끝없는 들판 가로질러 와 지난날 기억 더듬으며
감질난 이야기 주고받던 고추잠자리 한 쌍
속이 환하게 보인 날개조차 아랑곳하지 않으려는 듯
한순간에 사랑의 밀어를 속삭인다
영원한 건 없다면서도 영원을 꿈꿨을 미혹에 홀려
자신의 모습 수놓고 있는 철모른 젊음인지
뒤척인 가슴 절규하듯 벅찬 때가 내게도 있었을까
말하지 않아도 웃음 저절로 나오는데
무언가를 잃어버린 듯한 덧씌운 도돌이표인지도 몰라
가라앉은 한숨까지 들락거린다
떠나간 사람들조차 저물어가는 계절의 뒤안길에서
깊어진 시름에 잠겨 어쩔 줄 몰라 할 것 같아
한 시절도 머물지 못한 제 서러움 끝까지 붙안은 채
낯선 바람처럼 결연히 지나가야 하련가 보다

있는 힘껏 목청을 돋워

생때같은 사람들이 어느 한순간에 이르러서야
발걸음 분연히 멈춰 세운 것은
가살스러운 미혹의 그물에 매달려 있는
엇갈린 애증과 미련이 남아 있기 때문일 게다

해거름 짧아진 곳에서 그리움도 없이 일부러 힘겹게
발가벗겨진 모습으로 더듬적거리는 겨울나무처럼
지나온 여정 굽어보고 있을지도 몰라

되새길수록 떠오르지 않은 무기력한 열망이라도
아무러하든 쏟뜨려 본 적 없었다면
자신을 자책하기 위한 방패막이로 삼았을 듯하여

보일 듯 말 듯 언제부터인지 고개 떨군 채
분수에 넘칠 듯이 와 닿는 허울의 모양새를 하고
거짓과 진실만은 가렸더라면 좋았으련만
눈앞을 어지럽힌 위태로운 시선으론
아무것도 이룰 수 없단 걸 오래전에 알아차렸을 테니

텅 빈 소용돌이 속을 채워 가야만 하는 시새움에
높낮이가 다른 탐욕까지 뒤따라와
견뎌내기 어려운 생각 연신 드리워야 했을 텐데

비록 가진 것이 별반 다르지 않은 것 같아
몇 겹의 불빛이 사위어가는 어둠 속에서
가쁜 숨결은 금방이라도 속도를 늦춰
미망의 경계에서 오래도록 머물렀어야 했나 보다

슬그머니 사라진 길 지우면서 떠나야 할 경우마다
흠잡을 데 없이 사는 사람 어디 있으랴 싶어

제 몸 훤히 드러내 놓고 자취를 감출 때까지
외로움만 키운 마음 달래 보다가
기다림에 길들여진 너무도 소중했던 기억들을
모두 불러 모아 아무렇지도 않은 듯 들춰 봐야겠다

낮과 밤의 틈바구니에 놓여

사라져가는 것들의 가슴 시린 사연들을 애당초부터
덮어 놓고 고스란히 알게 된 것은 아니었다

패인 잔주름 사이에 되돌아와서 자리 잡은
기억 저편 질곡의 섬뜩한 꿈속으로 들어가 듯
제 손금 훔쳐본 눈길들이 많아졌다

칠흑 같은 어둠 속에 형체를 드러내 놓고 뛰어가기엔
맞갖잖은 두려움에 사로잡힐 만큼의
주저로운 순간들을 안출러야 했을 텐데

절망의 그림자 드리워진 끝 간 데 없는 낭떠러지에서
정수리까지 한꺼번에 엄습해 온
낯 두꺼운 근심걱정 쫓아 버리려는 듯
낮과 밤을 차례로 번갈아들던 틈바구니에 가로놓여
늦부지런 떨 때도 있었을 게야

다른 사람들보다 잠시 앞서 달려 나갔다 할지라도
누군가의 그늘에 가려져 제자리걸음하고 있었다면

잗다란 시련은 어느 때고 찾아와
상없이 굴다 주저앉고 말았을지 모르겠지만

어디에도 닿을 것 같지 않은 실낱같은 희망 다독거려
응어리진 진실이라도 풀치기 위해
연민의 손길조차 닿지 못할 곳으로
내달려 가는 사람들의 격정을 참고 견뎌낸 모습
얼마나 아름다운지 헤아려 보아라

날 저물면 해는 아득히 달아나듯 여울져갈 테니
생은 갈수록 두 손 맞잡고 허리를 구부려야 한다고
어쩌다가 회한에 젖어 돌아보지 말 것을

지나쳐 간 것들이 누군가의 새로움으로 다가올 적마다
남겨 둔 시간 노드리듯 몰아세우기로 하자

믿음에 가닿지 못한 떨림조차

오래지 않아 숨소리를 죽여 사라져 버릴지도 모른
볶아치듯 내팽개쳐진 날들이
자나 깨나 부릅뜬 눈 치켜세워
그림자 속에 비친 어쭙잖은 표정들을 바라보고 있었다
애씌워 기다리지 않아도 가느다란 여운으로
초점 흐린 시선들이 뜨악하게 내지른 기억들을
심각해진 머릿속 철모르고 흔들렸던 틈바구니에 촘촘히 새기려 하였으나
이따금 치성 드릴만큼 의외의 심정에 둘러싸여
미쳐 가닿지 못한 눈길 머물러 서성대다 진작부터 작정하고 내쳐 달렸더라도
명성을 빌려 쓴 소름 돋운 떨림조차
빛바래어 너덜거린 표류하는 심정 헤아려
본래 자리 찾아 마침내 일어설 수 있었을 텐데
속까지 드러난 하늘 괜스레 잇대 잡은 초조함 속에서
어리석었던 시절 언제든지 헤적여 본 후엔
흐르다 만 눈물 몇 방울 떨쳐내며
급기야는 기척도 없이 멀어지고 말았나 보다
미혹의 사슬에 빠져 고인 슬픔 삼킬지언정

믿음을 여윈 잔상殘像이라도 조심스러우니 남기려는지
억지 세우며 시야를 메워 보려 함부로 방향을 바꾼
망설거렸던 그 순간 들춰 볼 동안
어쩌다 쉬지 않고 흘러가 버린
작은 소망이라도 두루 붙잡아 놓을 듯
불안에 떤 욕망의 허리춤에 한 겹 또 한 겹씩
어수룩한 목소리로 아우성치면서 묻어 둔 속내 풀어헤친다면
시간은 깊어 얼비친 어둠이 벌써 밤을 덮쳤건만
갈 데까지 함께하고 싶어 옴짝달싹 아니한 채
지상에 내려앉아 졸고 있는 별빛 몇 개 움켜쥐고서 밤새워 제 무게 버티고 서 있었던 것은
발끝걸음으로 누군가 꿈결처럼 다가와
끌림 없는 마음 불어넣어 주길 원했기 때문이리라

가슴에 새긴 못다 한 말

덜 깬 눈금으로 내처 온 거리만큼 헤아리려 해도
잦아드는 한숨 소리 어깨 너머에서 들려와
외면할수록 너나없이 어쩌지도 못한 채
더욱 드세진 제 분수 지키려는 듯
결가부좌 튼 적막에 어느새 닿아 있었던가 보다

드러남이 없어 여미지도 못한 생각들조차
발가벗겨 놓은 그림자 마냥
혼자만 내팽개쳐졌단 소외감에 휩싸여
천 길 낭떠러지 위에 분연히 서 있는 듯했을 텐데

가야 할 곳 앞에다 두고 가뭇없이 헤매 돌다가
떠도는 소문처럼 갈 곳 잃은 순간부턴
흐트러진 자세 애써 잡아 보려
차가운 시선과 부딪히려 했었다면

왔다가 멀어져간 더할 수 없는 날들 사이로
되알지게 밀어붙인 잠 못 이룬 밤이
누군가의 피안에 비스듬히 닻을 내리려고 할 때마다

맞닥뜨린 눈망울은 깜박거렸을 테니

걷잡을 수 없는 속도를 어림잡을 적에는
꽃 진 그늘 속에 수직으로 내려앉아
날마다 그리움 키워가며
마음 둘 곳 찾아 다짜고짜 감돌아들었을지도 몰라

산자락 여며 잡고 날 저문 기척에 귀 기울여 보았지만
내키지 않는 손 안에 비로소 움켜쥔
오래 길들인 더 이상의 연민을 내버려둘 순 없다고
어그러진 틈새로 무심코 들여다본
가슴에 새겨 둔 못다 한 말 띄워 보내려 한다

마음 10

  첫눈 내릴 적이면 소년처럼 가슴이 두근거린다
  솜사탕 같은 눈송이 몇 개 손바닥 위에 올려놓고 지나간 날들의 아련함으로 에돌던 때를 헤아려 본다
  미처 꺼내지 못했던 사랑의 밀어에 대한 되새김일까
  이렇게 눈 내려 판수익은 날이면 까치발 하고 서성댄 숫눈길 위로
  못다 한 말들을 발길 닿는 대로 휘감고 맴돌았었는데
  보고 싶은 마음 시도 때도 없이 되살아 나와
  외로움 달래며 하얗게 얼어붙는다
  셈할 수 없는 훗날까지도 사라질지 모른다는 허전함을 감출 수 없어
  돌아서 간 뒷모습이 보이지 않을 때까지
  빈 하늘만 우두커니 바라보고 있었으니
  푸르던 날 곤두박질치던 모습 한 꺼풀씩 벗겨낼 때마다 제 안으로 지나온 것들 붙들어 놓은 채
  지금껏 잊히지 않은 너의 이름 아름드리 떠받치고 있는 황혼의 노을 바라보면서
  그땐 닿지 못한 인연이었지만 사랑했었다 말하고 싶다

마음 11

다시 찾은 천고마비 속에서 마음의 때를 씻은 것처럼 산과 들을 매료시킨 소리 들려오는 중에도
나뭇가지를 놓친 이파리 하나
사방이 어두워지기 전부터
바람의 손에 떠밀려 허공 한 바퀴 휘돌아
수직으로 떨어진다
초라한 소멸을 외친 생의 경계에서 나뒹구는 가랑잎이 햇살에 베일까 봐 두려워진 순간이다
터울거린 삶의 모퉁이를 한 바퀴 돌아 나와
희망 대신 절망을 두드린 사람들도
밤새워 수초처럼 자라난 생각들이
깨닫지도 못한 절정의 테두리진 파문에 사로잡혀 화들짝 놀란 시선 거두어들일 때면
언제까지 제자리돌기만은 할 수 없다고
날마다 쌍심지를 돋워 만가輓歌를 부른다
사라지는 것들은 모두 다 슬픔과 친숙하는가 보다
영원불멸의 극지極地란 없는 것인지
가슴 언저리에 맺힌 연유가 궁금해진다

춘래불사춘 春來不似春

 봄의 문턱 무심결에 넘어서자마자 철모른 동장군이 연일 맹위를 떨쳐댄다 봄이 왔건만 봄 같지 않다고 사람들은 저마다 한마디씩 볼멘소리로 주절거리다가 금방 벗어 던진 두꺼운 옷 재바르게 주워 입고 건드리면 한 대 쥐어 터질 것 같은 오만불손해진 꽃샘잎샘 횡포를 별도리 없이 얼음장같이 앙 다문 침묵으로 지켜볼 심산인가 보다 벌써 봄의 물결 속으로 걸어 들어간 햇살이 쇠북 소리 내며 치달리는 소소리바람 포획하려 안간힘 쏟뜨리지만 잡힐 기세가 아니다 뜻하지 않은 시새움에 상심을 키울수록 봄은 더 기다려지는 것일까 다시 겨울로 돌아갈 것이라고 믿는 사람은 없는 듯싶다 봄 내음 배달하는 우체부 아저씨의 귀띔에 고개 내밀던 어린 싹들이 차디찬 맨살로 땅바닥에 바짝 엎드려 눈치 살피는 도중에도 저 멀리 어디선가 두런두런 누군가 오는 소리 언뜻 들려오는 것 같단 들뜬 생각으로 머릿속 가득 채우는데 벌써 봄이 와 있다고 아우성친 사람들 향해 보란 듯 치솟아 오르는 새 떼들의 힘찬 날갯짓이 문풍지처럼 가늘게 떨리고 있다

4부

이제 와서 생각해 보니

먼 훗날의 뒤안길에서

외롭지 않으려고 오래도록 남아 있길 원해서였을까
아물지 못한 상흔 털어내던 날들 헤아려 본다

숨 돌릴 새도 없이 깃발을 높이 세우고 하동거렸는지
물밀 듯 밀려오는 차가운 표정 짓는 생각들과
빗장 열고 사라진 기억들이 어우러져
댕돌같은 마음속에 암팡지게 자리 잡은 것만 보아도

지나가던 바람이 오금 저리도록 거두어간
이명에 사로잡힌 불면의 경계에서
움켜쥔 손 펴지 않은 욕심에 곧바로 사로잡혀
발꿈치가 닿도록 뛰었어야 할 일인가 싶어
앞서간 세월 묶어둔 채 못다 한 말 걸터듬는다

얽히고설켜 있어 더 이상 가늠하기 어려운
세상살이 한가운데를 지나쳐 가기로 결심하였다면
무겁게 에두른 어둠이 오기 전에
허전한 가슴 채워 줄 부다듯한 손길 흔들어 보자

어둠을 꿰매는 사람들

깊은 허공 속으로 앞과 뒤를 갖춰 날아가는 새들이
발 한 번 잘못 디딘다면 어떻게 될지 모르겠단
근심에 찬 공연스러운 걱정거리를 불러와
오려던 잠은 눈치를 살피며 주춤거린다

대열에서 간발의 차이라도 생겨나지 않게 하려면
적잖이 흔들리는 몸 쉽사리 가라앉히고
아무도 몰래 중심잡기 위하여
힘줄 돋운 날개를 동그랗게 펼쳐
이르러야 할 곳 향해 소리 없이 나아가야 했을 텐데

차마 입 밖으로는 소리조차 내지르지 못한 채
고립은 꿈꾸지 말자 다짐하려는 듯
뒤떨어진 거리 어림잡아 들춰내려 한 순간부터

부지불식간에 사방에서 엄습해 온 초침소리조차
타 들어가는 목마름에 휘둘리어
어쭙잖은 표정들을 마지못해 휘둘러보았으리라

등 뒤로 멀어지는 상상들을 미루어 그려볼 적마다
까닭 모르게 곁들인 변명들의 끝맺음으로 날은 저무는지
애를 태워 볶아치는 집착에 사로잡혀
한참 동안 굳게 닫힌 창 너머로 눈길 주며
제자리 벗어났단 어설픈 생각들은 지워 버리기로 하자

세상의 모든 깨달음에는 들고 남이 있다는 걸
꽃 진 자리에 앉아 들었을지 모르지만
발보인 외로움 감출 수가 없어
잠든 시간에도 빌린 어둠 꿰매는 사람들 모두
보란 듯이 가로막힌 일탈 벗어나려 앙탈 부렸을 테니

스쳐 지나간 온갖 것들의 터울거리는 모양새가
가로놓인 연민 손짓해 부르거든
곁에 두지 못할 것 같은 마음 마냥 떨쳐 버리기 위해선
슬픈 웃음 지으며 가까스로 내밟뺌할지라도
금이 쩍 간 살얼음판 위에 서 있는 것처럼
잠깐 스친 모든 것들에게 두 손 마주 잡고 합장을 한다

오로지 오늘뿐인 것처럼

가다 서다 되풀이하여 잠시 숨 고르며 다짐해 봐도
어르고 벼른 머릿속은 북새통 이뤄
더욱 외로워진 마음의 빈 터를 공연히 오가며
놓쳐 버린 시간만큼 싹 틔울 날들
수더분한 발걸음 내딛어 바라볼 수 있다면

가슴에 차오른 숱한 떨림으로도 어쩌지 못한 순간들이
우레 속에 갇힌 열기에 취해
함께해야 할 의미 되풀이하여 음미해 볼 때마다
벌써 잊힌 기억들은 되살아나와 안절부절못했을 텐데

삶을 통찰하는 물음표를 던질수록 발치에서 멀어지다가
마파람 타고 날아가면 머잖아 닿을 것 같아
제 잘못 덮으려고 허무를 앞세운 정념情念들을
느닷없이 어깨 위로 내려놓을 수야 없겠지만

알 듯 모를 듯한 생각 끝에 잇닿은 이야기를 간직한 채
불빛 타고 밀려오는 몽환의 시선만은 거두려 한다

타고 흐르는 천상의 소리여

귀 기울이지 않아도 낯익은 듯 들려오는

이따금씩 서걱거린 추임새가 다정한 모습으로 다가와
바람에 얹혀 속삭이듯
눈길 머무는 곳마다 퍼져 나간
가야금 산조 씨눈을 틔워

마음 한구석을 꿰매 놓은 미망의 떨림처럼
진양조장단의 은은한 가락이
중모리로 들었다가 자진모리로 섬세하게 감돌아들어
급작스레 휘모리까지 넘나드는
단 하나뿐인 사람의 마음마저 죄다 사로잡아 버린

눈 감아도 타고 흐르는 천상의 소리여

그리울수록 격정에 사로잡혀

서로의 속마음을 엿보기만 하다가 발길 돌리고 말았다
하고 싶은 말들이 설핏하게 머리를 스쳤지만
입 밖으로 나올 낌새조차 보이지 않는다
기어코 한 걸음 물러서 있으려 작정한 모양이다

지상에 유랑하는 뜬소문들을 쳐다볼 틈도 없이 헤뜨려
불면의 밤 지새워 정작 사랑했었다고
새삼스레 다가온 어둑새벽 바라보며 말했어야 했는데
죄 없는 발부리만 야멸치게 걷어차며
돋쳐 오른 가슴 바보처럼 쓸어내렸으니
아무리 생각해 봐도 부아가 치밀어 오른다

무심한 세월에 부대껴 미혹의 순간에 내몰린 건 아닌지
어쩌다 들려오는 바람 소리에
마음은 꺼림칙하여 바쁘기만 하다

익명의 고요를 휘감던 이랑을 아무도 몰래 엄습해 와
허겁지겁 한쪽 발 부르터지도록
절묘하게 헤쳐 나왔다 할지라도

하늘과 땅 사이의 가늠하기 어려운 거리에서는
머물다 떠난 것들 되뇌어 볼 때마다
오래 닫혀 있던 그리움이 허허롭게 쏟아질지도 몰라
노도처럼 물결치는 긴 기다림은
어느 때 어디에서 끝날지 모르겠구나

꿈결에서도 이르지 못할 것 같아 기댈 곳마저 없어져
젖은 몸으로 발자국도 없이 떠돌지언정
한 자리 지키려면 견뎌야 할 인고의 시간들이
어차피 한 번쯤은 번뇌를 끊어내듯
사방의 굴레를 벗어나와 제 갈 길 재촉했어야 옳았을까

그리울수록 연민을 자아내며 제 속 태워 볶아치다가
한 시절 움켜쥐었던 격정에 사로잡혀
허공을 삼키려는 무욕의 속도로
송사리 떼 같은 눈을 뜨고 잰걸음쳐 나가 보기로 하자

아버지의 빈 자리

살아 계실 적 백발 성성하시던 모습 돌이켜 생각할수록
자식 노릇 못다 한 회한만 서리어
죄스러움으로 쌓아 올린 억장이 무너지려 합니다
떠나가신 지 사뭇 오래되어 황망스럽지만
정겨웠던 옛 시절 무시로 되살아나와
애처로운 시간만 살뜰하게 키우시는 듯하여
함께했던 기억에 남은 일상들을
숨소리도 내지 않고 가슴 죄어 볶아치다가
생시 같은 착각에서 벗어날 길 찾지 못한 채
응석 부린 어린아이마냥 아버지 빈 자리로 뛰어듭니다
자식들의 행복과 안녕을 제일 중히 여겨
바다처럼 넓고 하늘같은 자비로우신 마음으로
거센 비바람 밤을 새워 막아 주시며
언제나 그 자리에 우뚝하게 서 계셨는데
여기저기 둘러보아도 보이질 않고
부질없는 바람만 바장이다 멀어져 갑니다
오늘도 갈 곳 잃은 그리움 떨쳐 버리지 못해
고향 집 뜰 아래 구부정히 서 계신 얼굴 떠올려 봅니다

한가윗날 조상님께

몇 가지 음식을 갖춰 놓고 가족들이 다 함께 모여
경건한 마음으로 추모하려 합니다
요즘엔 후손들 형편대로 장만하는 추세이오니
차려 놔둔 대로 잡수셔야 한답니다
행여 격식에 맞지 않는다고 토라지시면 안 됩니다
저야 안절부절 엎드려 용서를 빌지만
제 아래 식솔들은 심통을 부릴지도 모릅니다
요즘 세상 하룻밤 사이 몰라보게 변해가고 있습니다
맞잡아 여민 손에 안겨 주는 선물인 듯
휘영청 보름달이 함박웃음 온 누리로 띄우자마자
그리움에 사무친 아련한 추억 속에서
살아생전 정겨운 모습 여전히 언뜻언뜻 떠오릅니다
더도 말고 덜도 말고 오늘만 같았으면
한숨 쉰 사람들마다 이구동성 소원성취를 빕니다
쏟아져 내리는 달빛 따라 가슴에 와 닿는
이야기꽃 징검다리 건너듯 피워 올려
조상님 기린 의미 새삼스레 새김질해 보고 있습니다
계속 이어가야 할 미풍양속의 한 장면입니다

약속이나 한 듯

   한평생 살아가는 동안 겉으론 드러내 놓지 않았지만 지켜야 할 불문율이 있을지도 모르겠단 얄망궂은 생각들로 마음의 평정을 얻으려 할 적에도

   희망과 절망 사이에서 전전긍긍하다가
   혀를 차며 비웃기라도 하듯
   완벽한 일상은 그 어디에도 없다는 걸
   너나없이 알아차렸다면

   졸음에 지친 하루를 접으면서 걸어온 길에 널브러진 회한을 둘러싸고 있는 뼈저린 사연까지 처음부터 속속들이 더듬어 보려 했을 테니
   마지막에 가선 사람들마다 어떤 자세 취하고 있을지 무척이나 궁금해진다

   지혜롭지 못했던 별의별 순간까지 벌떼같이 떠올라 비 오는 날에 비에 젖지 않은 모습과 흡사한 제 발자취를 지우며 부칠 데 없이 스쳐 가곤 했을 텐데

이때껏 바라다본 애다는 시선 속에 남겨진 흔적들을 새겨 넣을 필요까지 있었을까 느낄 때마다
 오랫동안 웃지 않던 웃음 커다랗게 웃어가며
 에돌던 지난날들 들여다보면서

 번민의 편린들이 씻겨 나간 자리에 헤뜨린 응어리들을
 약속이나 한 듯 나무라지 않으리라 다짐해 본다

 내일은 더 뜨거운 태양이 불굴의 자세로 변함없이 떠오르길 정작 바래 보지만
 그리운 것들은 언제나 못 본 척 시치미 따는 것인지

 시작과 끝이 그림자처럼 멀리서 바라보며 서 있어도 환한 아침을 맞이할 준비는 아직 덜 됐는가 보다

마음 둘 곳 바이없어

간당거리는 아침을 눈앞에 두고 마음 둘 곳 바이없어
그리움의 무게를 헤뜨려 버린 홀로 선 모습
목소리 높여 보고 싶어지면
현기증 같은 미몽에서 깨어난 바람의 발자국 소리에
미소 띤 얼굴 생각하며 눈시울 붉힌다

지우려 해도 지워지지 않는 아픈 기억들이
물너울처럼 무언의 몸짓으로 또 한 번 떠오를 적에는
하얗게 바랜 가녀린 한숨 내뿜으며
안간힘 써 봐도 잠시간도 잊히지 않는구나

걷어잡은 깃발 아래서 모든 것을 죄다 쏟아내지 못한
허울뿐인 욕망의 틈바구니를 비집으려는 듯
머뭇거리던 먼빛이 빨려 들어와서
발길 닿는 곳마다 서걱거리고 있는 것만 같아
정작 사라진 뒤에야 떠오른 잔상처럼
끝없이 되풀이되는 그대 모습에 사로잡혀
세월 따라 멀어져간 날들을 돌아서서 그리워해야겠다

물음표를 내던지며

굴레 씌운 눈시울에 바람 한 자락 잡아 놓은 채
마음 한편으로 곁들이려 작정했던 것일까

때맞춘 빗줄기가 허공을 찢고 쏟아지기도 전에
고개를 좌우로 흔들어대던 나무들이
창백한 햇살에 나부끼던 손 걷어들인다

뛰어내린 빗방울이 다시금 튀어 오른 순간마다
귀설은 발소리만 들려올 뿐

닿으려는 곳이 어디인지 몰라
미처 여미지 못한 생각 속에 파고들려 해도
금방이라도 떠오르진 않을 것 같아

제 분수에 맞게 낮달처럼 행동하란 옛 말씀 따라
희미해진 기억 속의 단면들을 들추어내어
마른 숨 몰아쉬며 달려 나가다가
어디에서 멈춰 서야 할지 헤덤벼 봐야겠다

이제 와서 생각해 보니

머릿속의 온갖 가지 생각들과 어울렸지만 바로 몇 걸음 밖에서 끔쩍하지 못한 채
입 꼭 다물고 두 귀 막은 사람처럼
어려운 세상사 펼쳐 놓을 때면
망설임 끝에 사정없이 무너져 내린 언덕배기 아래로
빈 잔을 치켜든 바람이 알싸하게 불었다

지척에 두고도 바라만 보았을 아린 사연 하나씩 둘씩 지운다는 것은
들이켜고 싶지 않은 독배를 든 심정이었을 텐데

나의 거친 숨결이 똬리를 튼 너의 마음자리에 사금파리 같은 눈길을 넝큼 보내자마자
돌아서 가버린 너는 도대체 무슨 말 하려 했을지

고개를 숙이고 한참 동안 걷다가
시詩를 읽으며 마중하겠다던 얼굴 간신히 떠올려 마지못해 웃어 보았으나
지나가던 사람들도 외면하는 것 같았으니

나에게 보내는 진심은 아닐 거라 도리질 쳐 보았지만 주춤거리던 너의 몸짓에서
　　사라지고 있는 내가 똑똑히 보였다

　　발길 닿지 않아 곤두박질친 방향과 사뭇 다른
　　돌아갈 곳조차 잃은 냉소에 사로잡혀
　　몇 번 더 계절이 뒤바뀌는 동안
　　여전히 지워 버리지 못한 얼룩들을 사이에 둔 채 갈 길 몰라 아무렇게나 흔들리고

　　자꾸만 멀어져 가는 서로의 애달픔만 확인한 우린
　　이미 시름겨운 기억이 발붙이고 있었음에도
　　또다시 만날 날 애오라지 떠올려가며
　　현실과 가상 어느 편에 이르러서도 혼자 남겨져야 할 사유를 섬세하게 짚어 보고 있을 것 같다

기다림조차 멀어져 간

낯선 외곽이라도 무작정 달려 기울어진 중심을 끝 모를 간절함으로 잡아 보고 싶었는데

알뜰했던 추억마저 데리고 떠나간 뒷모습만
마냥 바라볼 수밖에 없었나 보다

함께했던 모든 일들 모조리 지워야 할 것 같단 생각들로 뒤죽박죽 난장을 친 동안에도
  떠오를 듯 말 듯 멈칫거리다가
  살 속 깊이 파고드는 그리움

구석진 여백에 자리 잡은 기억의 언저리를 거슬러
발길 닿는 대로 무작정 멀어져갔던
좁혀지지 않은 너와 나의 간격이
운무에 가려져 열 길 물속이나 되는 듯

손 내밀지 않아도 가까이할 수 없을 것 같단 의중을 헤아려 보기 어려워져
  한마디 말도 주고받지 못하였구나

엉킨 실타래 같은 연줄 사이로 어느 날 내게 홀연히 다가와서
만나기 전부터 이별을 약속한 것처럼
지울 수 없는 아픔만 남겨 놓고 떠나간 사람아

작은 가슴에 빗금까지 그어 놓고
소슬히 담긴 사연들을 옴짝달싹 못하게 지워 버렸으니

누군가의 마음 헤아려 보던 발자국도 없이 후줄근히 도착한 외로움에
    나이테를 두른 눈물방울 꽁꽁 매달은 채
    가만히 들여다본 애착의 심연 속을
    바라보는 시선보다 더 재바르게 건넜어야 했을 성싶다

애써 못 잊은 누군가를 향해

하루걸러 기다리고 있는 줄도 모르는 채
몇 번이고 망설이다가
지날수록 제풀에 겨워진 힘으론
돌이킬 수 없는 발걸음 멈출 수가 없어

사위스러운 시새움에 이끌려
얼음장 같은 기억 되살릴 때까지

마주친 부산한 거리를 멀리멀리 벗어나와
오랫동안 참아왔던 주문呪文을
쉴 새 없이 외우고 나면

미루어 놓은 고백 그제서야 들어줄
사방의 둘레가 한바탕 소란스러워지고

오직 한 곳으로만 내동댕이친 모습
때맞춰 바라본 사람들의 한숨 섞인 표정마다
또 하나의 연륜을 더하려 한다

이쯤에서 오던 길로 되돌리기 전에
잊히지 않은 이름 꺼내어 써 보고 또 써 볼수록
애써 못 잊은 여운 가슴에 남아
볼 때마다 못 본 척 눈길 돌릴지라도

메마른 햇살 닦아 주는 마음으로
그리움에 물들어간 소용돌이 속의 파문을
나지막이 가라앉히려는 듯
왠지 모를 눈시울만 붉어지는데

누군가를 향해 숨 죽여 손 흔들어 주던
발가벗은 초라한 길 위에서
오고 가는 사람들을 감쪽같이 또 만난 것처럼
아무 소리도 내지 않고 불러 보리라

마음 12

살아온 날들의 물색없는 추억과 연민에 젖어
옛 시절로 꿈을 꾸듯 갈 수 있다면
여태까지 해오던 것처럼 살진 않겠다고
가슴 치며 으름장 단단히 별러 보지만
세상이 어찌 그리 호락호락하던가요
잠시나마 숨 고르며 제아무리 아쉬워해 본들
오늘의 엉거주춤한 차림새로는
공연스레 마음만 오달지게 아플 뿐
거저 얻어지는 것은 아무것도 없을 테니
바로 지금이란 순간에 옷깃을 가지런히 여며
두 손 힘차게 흔들며 내달리는 것이
또 다른 후회를 미리 막아낼 방편인 듯싶다

마음 13

도드라진 숲그늘 자욱한 샛길을 여름내 질러간
사람들은 아무런 근심 걱정 없이
햇무리를 등 뒤로 달아 오고 가고 했을 텐데
눈 앞의 목마름에만 집착한 채
푸르른 날들 괜스러우니 그럭저럭 보냈다면
정작 가랑잎으로 나뒹군 가을날에는
능히 감당하지 못할 공허함만 남아있으리라
황홀한 절정의 뒤안길마다 언제든지
싸락눈 같은 후회가 숨어 있단 걸 몰랐을까
남겨진 시간 위해 마음 추스르고
지나쳐선 안 될 석양에 타오른 노을 바라보며
가던 발걸음 남김없이 죄어쳐 봐야겠다

그때 좀 더 귀 기울였더라면

천둥 번개 치던 날 벼락과 함께 있었습니다 미로를 빠져나온 빗줄긴 핏발을 세우는데
떨쳐내지 못한 발걸음 여러 차례 재촉하였습니다
더없이 요란스러운 허공 끝자락엔
가까스로 침묵한 고요가 깊은 잠 속으로 빠져들어 어금니를 깨물고 모진 각오 다지고 있는 것 같아
또다시 함께하지 못할 정적靜寂까지 풀어놓고서
아득함에 매료되어 깜빡 정신 잃은 채로
흔적도 없이 사라져간
가슴 한편 차지한 기억들을 더듬었습니다
어둑한 골목에 벌거벗은 맨발로 서있는 것같이
한눈팔아보지 않고 살아온 사람들마다 바보처럼 비쳐질지도 모르겠단 말 귀담아들었을 땐
저만치 가쁜 숨 토해내는 그림자에 드리워져
멋모르고 다가선 속죄하는 마음으로 덧없음을 달래고 있었습니다

5부

밝아 오는 여명을 지켜보려

잇닿은 기다림의 끝에서

드러나지 않은 세월보다 조금 많이 깊어진 것일까
희끗희끗 어언간에 나타난 버성긴 머리카락
본래의 모습으로 물들인 뒤에야
생김새가 조금 전과 확연히 달라졌다
여기저기 휘말렸던 날들이 멀리서도 또렷하게
푸르름을 되찾은 것처럼 생기 넘쳐흐르는 듯하다
돌이켜 보면 만물의 들고 남은
저마다 생각에 따라 어려운 일이 쉬울 수도 있고
쉬운 일이 어려워질 수도 있겠다 싶어
삶이 그렇게 만만찮지 않다는 걸 진작부터 알아차려
어기찬 자세로 혼돈의 날들 헤쳐 나갔더라면
다가올 어느 날엔 심연의 한가운데를
공연한 걸음으로 헤쳐 나갈 수 있었을 텐데
한 가닥 진실을 찾아 어우르려 했던 숨결마다
잃어버린 꿈들 이제 와서 펼쳐 보니
가야 할 길 일몰에 묻혀 보이지 않는다 할지라도
흔들리는 마음 한 번 더 가다듬기 위해
저 혼자 동여맨 시름은 이제 그만 내려놓기로 하자

묵시의 웃음 날릴 동안에

무엇이 그토록 명치끝을 움츠러들게 했었는지 모르겠다
풀어놓은 불명의 공복 채울 때마다
미혹에서 깨어나지 못한 마음 시험에 들게 했던
다가오다 멀어지는 순간들이 떠오른다

머릿속으로 파고들어 어설프게 자리 잡은 생각들이
안과 밖이 보이지 않을 동안에는
날카로운 절규를 터뜨렸던 열기 속에서
잔칫날처럼 시끌벅적 달싹거렸겠지만
오래 보고 있었으나 처음 본 것 같은 낯섦과 짝을 이뤄
무작정 앞만 보고 달려 나갈 적엔
나침반도 없는 막다른 골목 가로지르지 아니 하고선
간발의 차이에서 벗어날 수 없었을 것 같아

수심에 잠긴 수많은 얼굴들이 어름적거리면
분방한 길 위에서 또 한 겹의 아픔을 더한 사람들까지
닮지 않은 표정 제각기 머금은 채
안절부절못하고 여전히 떨고 있었던가 보다

드러나지 않은 허물들을 있는 만큼 떨쳐내기 위해
발걸음 옮길 적이면 하나씩 둘씩 거둬들여
묵시의 웃음으로 날릴 땐엔 눈길이라도 마주쳐 보려고

여러 일상 속에 이따금 뒤섞인 볼썽사나운 회한을
어느 때부터인지 알고 있었던 것처럼
밤새도록 들숨과 날숨 사이에서 줄달음치며 되짚어 본
내려놓지 못한 상념의 부스러기들조차
새로운 의미를 끌어내야 할 핑계거리 내세워
어디선가 앞니 벌어진 채 나뒹굴고 있을지 모르겠구나

사방으로 기우뚱한 가위눌린 한뎃잠 불러들여야 할지라도
차마 오지 않을 날들 등불 밝혀 기다렸던 것은
삶의 이랑마다 전율에 떨던 여음들이 여태껏 남아 있어
햇살 한 줌 움켜쥔 아침의 숨결 속으로
가득하게 들어 찬 힘을 빌어 다시 한 번 가 봐야겠다

잊힌 이름들의 기억 좇아

어느덧 돌아갈 수 없는 먼발치에 새삼스러이 서서
텅 빈 하늘 끝이라도 꽉 잡을 듯이
왔던 길을 지우고 눈시울 적셔 보는 것이다

마음 구석구석에 망설임 하나 없이 나직하게 그어 놓은
보이는 것과 보이지 않는 것들 드리워 보다가
잊힌 이름들의 모습 떠오를 때면 스쳐 갔던 기억 좇아
굴레 벗은 그림자 되어 발서슴해 보지만
구분해야 할 경계를 알 수 없어
한걸음도 앞으로 나아가질 못할 것 같구나

여울지던 허욕들을 스스럼없이 들뜨릴 적마다
바짝 긴장된 몸짓으로 얼음조각 같은 햇살 달래려 했던
한낮의 몽롱한 꿈속 되짚어 가며
재바른 자맥질만 못내 하려 했던 것인지

되알지게 여울지던 시절 자꾸만 어른거려
제 얼굴 가슴에 묻고 사는 것이 옳으냐고 되묻진 말자

그리움을 키우며

숫눈길에 찍어 놓은 발자국을 헤아려 보던 새 한 마리
날아오르려다 말고 근심 가득하게 돋친
슬퍼 보인 표정으로 눈인사 할 듯 말 듯 주춤거린다
진작부터 알았던 아주 친한 사이처럼
들면 나야 하는 세상살이 깨우치려 했을까
왠지 모르게 다신 만날 수 없을 것 같단 아쉬움만
드러내지 않은 머릿속에 남아 갈피를 전혀 잡지 못한다
지줄대며 술렁거리던 적막한 오솔길 사이로
기척조차 멀어져간 한 식경 지나간 후에야
엉거주춤해 보인 그 모습 되짚어 볼수록
소중한 걸 잃은 것 같은 허전함이 나도 모르게 밀려와
잠시나마 균열을 일으킨 느즈러진 자세 가다듬는데
나아갈 수도 더 이상 머무를 수도 없단 듯이
눈발은 한차례 더 몰아칠 요량인가 보다
좀 전의 그 새는 어디쯤 가고 있을지 사뭇 궁금하여
이 다음에 어디선가 갑작스레 만나게 된다면
가고 옴이 없어도 함께하고 싶은 마음 감돌아들 테니
하려던 말이 무엇이었는지 물어봐야겠다

밝아 오는 여명을 지켜보려

바스러질 듯 밭은 숨 몰아쉬며 어깨를 들썩거리고 있었다

삶의 여정은 애초부터 뒤척임의 연속인지 알 수 없지만
지새운 밤 슬하에서 멀어지거든
제 궤적 지운 하루를 열어 종부돋움해야 할 성싶다

시퍼런 하늘에 매달린 날들 아무렇지도 않게 바라볼 적엔
앞뒤 없는 울음소리 눌러 참듯
더 낮게 엎드려 날카로운 눈초리로
단숨에 속내를 내비친 사연까지 어느 틈에 들춰봤을 텐데

저 홀로 피었다 진 꽃잎처럼 착하게 살 방법도 없어
멈췄어야 할 거리 어림하지 못한 채
천형의 죄를 덮어쓰듯 내달렸던 발부리를 헤뜨렸을까

움푹 패인 가슴으로 엉거주춤 시치미 따는 사람들 곁에서
허울뿐인 욕망에 바로 붙잡혀
울림도 없는 순결한 연민 못 본 척했을 때는

웃음마저 실성을 한 시간의 모서리를 돌아 나와
밤하늘보다 깊은 암묵暗默의 보푸라기들이 남겨 놓은
왔던 길 되짚어 볼 수 있도록
어둠처럼 깊고 아득한 미열에 들뜬 멋쩍은 얼굴로
어디쯤부터 어둠살 걷어내려 어깨를 들썩거렸을는지

희미하게 밝아 오는 여명을 오랫동안 지켜보려
버려진 것들끼리 송두리째 어우른 일상의 모습 위에
왈칵 눈물 적신 마음 실어 보내려 할 적마다

뒷걸음질 친 꿈을 위해 쳇바퀴 돌 듯 곡예를 탈지언정
빈 터에 부려 놓은 무거운 짐 고쳐 매어
오고 간 사람들과 함께 동동걸음칠 수 있다면

어느 비바람 몰아친 날들 모지락스레 온다 할지라도
늘 같던 차림으로 잰 걸음 암팡지게 옮겨 보리라

사는 것이 하염없을지라도

남의 눈물 거머쥐고 너나없이 웃는 교활한 모습
저도 벌물 켜듯 나락으로 떨어질 줄 알면서도

사람들은 위선에 찬 가면을 질펀하게 눌러쓴 채
편을 갈라 삿대질하며 못 본 척한다

가운데로 다가갈수록 바른 양심 따라 살아간다면
뉘우침이란 단어 떠올리지 않아도 될 텐데

무심코 가버린 날들이 다시 돌아올 리 없겠지만
삶을 다독거려 줄 지혜로움까지 보내긴 싫어

텅 빈 눈가에 여울지던 기억들을 들추어 보다가
다다르지 못할 어디쯤에 놓으려 하였는지

거역하기 어려운 그 소리 내 귀에 하염없을지라도
잠시 멈춘 발걸음 한시바삐 재우쳐야겠다

하루의 꼬리를 늘여

좌불안석 침묵을 깨고 요란스럽게 소용돌이친다 해도

구겨진 나래를 펼쳐 한 걸음씩 단번에 나아가
잊힌 아픔까지 들춰 보려 했던 무모함이여

언젠가는 낮과 밤의 경계 없이 사라질지도 모르는데
아직까지 어느 곳에도 이르지 못한
설핏한 적막 속에서 어둠을 실어 나른 순간마다
찬 서리에 묵힌 세월의 숫자만큼
짐짝같이 절은 때를 씻어 바로 서려 하였는지

오래도록 머물러야 할 그 자리 넘겨잡기 어려워
멋쩍은 웃음 허겁지겁 쏟트리며
바람에 흔들거리는 저문 들녘 허수아비처럼
손사래 치며 가는 사람들을 불러 세우기 위해서라면

벼랑 끝에 서서 다시 시작한다는 마음으로
하루의 꼬리를 늘여 우뚝 솟은 산정 바라보기로 하자

무엇 때문에 바람은 밤새 울어대는 것일까

눈시울에 투영되는 기억조차 희미해진 나의 뒷모습을
미동조차 아니한 손길로 악착스레 어루만진다

힘줄을 돋우며 갑작스레 돌아다보면
거들떠보지도 않던 사연까지 수면 위로 띄워 올려
어쩌다가 끊어진 영상들 모두
먼 어둠 속에서 미련 없이 털어내려 하였는지

선잠을 깬 바람 소리 길을 잃고 구슬피 울어대는데
빈 메아리만 남긴 채 떠난 자리에서
쉽게 풀지 못한 깜짝 놀란 실마리를 있는 만큼 매달아
갈 데까지 가 보려 한 몇 조금의 찰나에
머뭇거리다 남겨 놓은 어쩔 수 없는 흔적들이었을까

여기저기서 휘둥그레진 고요의 잔해들조차
닫힌 듯 열린 문지방을 넘어와
기쁨도 슬픔도 다 솎아낸 끝이 없는 욕망에 사로잡혀
낯설은 듯 파고들려고 했었는지 몰라

뿌리를 한꺼번에 잃어버린 나무들처럼
언젠가는 더욱 깊어진 적막 속에 남겨 놓을 표지석과
가야 할 곳의 가장자리라도 번갈아 넘나들며
아득한 허무를 맛보게 될지도 모르겠단 혼돈에 빠져

서릿발 치는 순간마다 총총히 길을 열어
홀로 헤뜨린 생각 모조리 드러내 놓고 만져 보아도
지워지지 않을 햇무리에 휩싸여
쉼 없이 낯설어진 마음만 조금씩 서걱거리고 있구나

가면 오지 않는 것이 아니라 영원의 닻을 드리운 채
세월 지날수록 벌거벗은 그리움 삼켜 버릴 듯
누군가를 골똘히 아로새긴 묵상에 잠기려는가 보다

깊어가는 밤마다 아무것도 알아차리지 못할 것 같은
언제부턴지 무딘 가슴에 드리워진 사연
바스러질 듯 움켜쥔 핏발 선 손바닥으로
실타래 같은 생경한 밤을 패가며 풀어헤쳐 봐야겠다

기억이 벗어던진 시간의 거리만큼

손에 쥔 것을 꼽았으나 줄곧 빈 하늘만 우러러본 사위스러움으로 어쩔 수 없는 마음 훔척거린 절제된 정염情炎을 다독인다
밤새운 흔적 하나 남기지 않은 채
몇 걸음 앞도 분간 못해 오래 떠돌던 발자국처럼
아무도 궁금해 하지 않아 알아채지 못할 속도로
지난날들 추스르며 돌이켜 본 사람들은 깨알같이 감긴 눈 부라리며
멀어져간 시간의 거리만큼 대중해 보려 했을 텐데
기억이 벗어던진 무게의 높낮이에 따라
부르튼 발바닥은 지금쯤 멍징하게 아물었을까
얽히고설킨 살아가는 지혜와 끊임없이 좌우충돌하면서
들이뜨려야 할 누군가를 수소문하였더라면
더 가까이에서 큰 소리로 질책받아야 마땅했으리라
어느새 등 떼밀려 뒤따르는 모든 길과 멀어질수록 다짐해 보던 옛 맹세의 눈물 서너 방울로 가슴 한쪽 다짜고짜 채울 순 없어
아무리 나아가도 옴나위없을 적엔
거듭 반복하여 가야 할 길 허겁지겁 되물었다
후줄근히 머물다 얼마 못 가서 떠난
엇박자로 이어진 험로의 한가운데를 가로지를 때까진

지상의 모든 유혹들을 간신히 억누른 심정으로만 덮어놓고 뿌리치기에는 마음 한 켠이 허물어져 내려
　동강난 희망 꿰매어 못 본 체하다가 어느 누가 들어도
　더 높아진 지평 위로 올라서야 했을는지
　저 혼자 곤두박질치다 너울에 파묻힌 잔물결같이
　갈 길 바쁜 욕심은 달콤한 환상에서 깨어나지 못하고
　들고 난 한숨으로 어루더듬었는지 모르겠지만
　훌쩍 자란 달뜬 열기 테두리를 허물고 싶진 않았을 거야
　무릅쓴 난관에 떨치고 간만큼 노출된
　심장이 곧장 내지른 서릿발 같은 소리 그때서야 들려온 듯하여
　온통 벼른 한곳으로 쏠리던 날들의 환한 웃음부터
　소리 내어 터뜨려 보긴 어려울 것 같아
　정처 없는 삶의 질곡桎梏에서 꼼짝 않고 머무르기 위한
　더께 앉은 염원이라도 새김질해 봐야겠다

저무는 어느 날의 단상

물기 머금은 눈을 들어 지금 막 손사래 치는 듯하다

갈맷빛 가로지른 구름 떼가 지나온 길 굽어보려는지
산모롱이 돌아 벌거벗은 제 몸 드러내자마자
그 모습 보고도 못 본 체 먼 산으로 발길 돌리는데

떨어지는 나뭇잎새 무서리를 밟고 바동거리면
지척에서 지켜보던 새 한 마리
포말처럼 뒷걸음질치고
입동을 앞둔 들녘마다 가득 차오른 헤덤빈 숨소리에
지켜보던 허공도 움찔거린다

켜켜이 쌓여 있는 가슴속 내 허물 생각해 보니
자신自信을 잃은 자신自身을 미망 속에 감출 수 없어
삶의 무게에 취해 버린 뜬세상 떨쳐내려
저 홀로 부는 바람 따라 낮게 드리운 마음 하나

막장 같은 회한 속에 걸어 두고 싶다

돌이켜 본 삶의 자세

   선잠 자는 아기가 자다 말고 자꾸만 깨어나 누가 곁을 주는지 도리반거리다가
   낯익은 얼굴 확인한 뒤에야 비로소 안심된 듯 곧바로 깊은 잠 속으로 빠져든다

   찾던 사람이 없었다면 두려움에 눈물 쏟으며 소리 높여 울음 터뜨리고 말았으리라

   우리네 일상도 살아가다 보면 이토록 맨바람에 마른 흙 뒤집어쓴 우스운 꼴 되어 함께하는 이웃들의 위로가 절실할 때도 있겠다 싶어
   망각의 눈동자에 헛바람만 부여잡아 뒤척거리지 말고 이루고자 하는 미세한 떨림이 계속되는 한 희망을 잃어버리면 안 되겠단 생각 선불리 떠올려 본다

   참아야 할 그 순간을 멀쩡한 손발 갖고도 견뎌내지 못한다면 행복이란 두 글자 읽어내지 못할 테니까
   스스로 거드름 부리며 한쪽으로만 기울진 말기로 하자

해맑은 어린이의 얼굴

다붓다붓 조그마한 목소리로 미소를 머금은 채
즐거움에 겨운 어린아이 손을 살포시 잡고
그림처럼 다정스럽게 걸어가는
마냥 보기 좋은 한창때 부부와 마주치면
잠시 동안 서 있다가 간다
해맑은 어린이의 꾸밈없는 얼굴은
주위 사람들을 못내 기분 좋게 만들기도 하지만
길 가던 내 마음조차 덩달아서 환희에 차올라
두근거린 가슴이 가라앉질 않는다
동네마다 어린애들 왁자지껄 떠들던 소리가
까마득히 잊고 지낸 기억 저편에서 맴도는데
샛노란 개나리꽃 수줍은 듯 흐드러진
반쯤 기울어간 오래된 담장 너머로
해 저문 뒤에도 들려온 적 언제 적이던가
지금 와서 불현듯 생각해 보니
천진스러운 아기를 하루 종일 바라보는 것만큼
행복에 겨운 일이 어디 있을까 싶다
서두르지 말고 소망을 담아 건강히 자라거라

너를 맨 처음 본 순간

강보에 싸인 손녀 예빈藝賓이 너를 맨 처음 본 순간
세상 하나 통째로 거저 선물 받은 것처럼
북받쳐 오른 마음 이내 뭉클해져
이루 형용하기 어려운 기쁨의 함성 내지른 채
하마터면 그 자리에 주저앉을 뻔했다
초롱초롱한 여린 눈망울과 마주친 그때부터
티 없이 맑은 천사 같은 모습은
우리의 절묘한 만남을 축복하려는 듯
발걸음마다 이어진 길 환하게 비쳐준 것 같아
아로새긴 나날 속에 여민 옷깃 잇따라서 다독거려진다
이따금 꽉 쥔 손가락 바동거릴 적엔
무엇과도 바꿀 수 없는 행복 잊지 않고 안겨다 준
하나뿐인 눈부처같이 보였으니
온 누리가 맺어준 놀랄 만한 인연임에 틀림없나 보다
언제까지나 간직해야 할 내 생애 최고의 축복인 양
이제는 자나 깨나 예빈藝賓이 너만 지켜보면서
남은 혼신의 힘 나도 모르게 기울여가며
넘쳐난 사랑으로 함께할 것을 고스란히 다짐해 본다

마음 14

손녀 예빈藝賓이의 해맑은 모습 바라보고 있을 적엔
그렇게 초롱초롱한 눈망울로는
얄망궂은 사람들과 맞서기 어려울 테니
힘들 땐 모질음도 써야 한다 말하고 싶지만
아직까지 말을 떼지 못한 20개월 어린아이인지라
할아버지 가슴은 이런저런 걱정스러움으로
발 동동 구르며 조바심만 친다
그래도 천사 같은 착한 심성 지닌 채 세상 살아가야
아무려면 가는 곳마다 웃음꽃 피울 날들
소리 죽여 무시로 펼쳐질지도 몰라
살아가면서 자신의 뜻과 맞지 않을 경우에도
시름에 잠겨 미리 낙담해선 안 된다고 일러줘야겠다
욕심이 지나치면 왔던 행복도 돌아서는 법이거늘
눈에 넣어도 아프지 않은 너의 웃음 속에서
힘 실린 진실들이 벙긋거릴 적마다 가슴 활짝 펴라
남의 행복 행여 넘겨다보지 말고
옷깃 여며 살아가란 말도 곁들이고 싶다

마음 15

　지금은 선부른 행동보단 남아 있을 마음의 허울을 벗어야 함에도 불구하고
　하나의 점으로 떠서 어디에도 막무가내 넘나들던
　찾을 수 없는 어쭙잖은 비밀처럼
　숨길수록 미련만 남은 가슴 시린 한때가
　먼발치에서부터 에돌아 모습을 나타낸다
　숨 막히는 꿈속 같은 삶의 무게 감당하지 못해 수북하게 쌓인 한숨 걷어내려 무던히도 애써 보았지만
　온갖 근심걱정들로 뒤엉킨 미련은 물러서질 않아
　자만에 빠진 눈길이 좀 더 환해지길 바랬을 텐데
　연륜을 더할수록 늘어나는 생각 속에서
　어디로든 발걸음 옮겨야 하는 외돌토리로 남겨질지라도 옷섶을 스친 바람은 차가웠지만
　주위를 환하게 밝히는 꽃과 같이 향기로울 수 있다면
　순백의 믿음에 사로잡힐 적마다
　부끄럽지 않을 자신을 위해 탐욕의 결박 기어코 풀어 버리려고 바람의 뒤를 따라가 보리라

여태 뭣하며 살아왔나 싶을 때마다

돌아설 때까진 아직 돌아오지 않은 날들을 위해
더 이상 아무것도 저버릴 게 없는 것들만 기억하면서 발끝 세우고 살아가고 있단 그럴듯한 내색이라도 새삼스레 드러내 보이려는 듯

생과 사의 갈림길에서 뒷걸음질만 치다 결국엔 실패한 인생이었단 후회 따위를
처음부터 뒤집어쓴 채 내몰리고 싶은 용기가 하필이면 그땐 없었는지 모르겠다

오만과 편견에 사로잡혀
한바탕 혁명을 꿈꾸기엔 너무나 생뚱맞아
열정에 파묻힌 사람들조차 외면하는
현실이 안겨다 준 냉혹한 처사를 견뎌내지 못했나 보다

어떤 이해나 용서를 구할 인내심조차 내팽개친 채
늘 한결같은 모습으로 제자리를 지키려 했었는지
난간을 밟고 두 귀 열어 생떼 쓰듯 들어야 했던 숨 막힐 듯 쏘아 올린 고함 소리

조바심에 겨워 우두커니 서서 들었어야 했으리라

새벽은 밤의 끝이기도 하지만
뜨거운 가슴 열어젖히고 달려 나가야 할 하룻날의 시작이란 걸 언제나 머릿속에 새김질하여
빗금처럼 그어진 세월의 살얼음판 위를
떨리는 마음 삭혀가며 알고도 모르는 척
걸어가야 하는 외줄기 길이 아니던가 반문해 본다

가야 할 길까지도 장막에 드리워져 하나 둘씩 늘어만 가는 가마득한 나이바퀴 속에서

더 깊어진 심연 속으로 시나브로 가라앉는 잠시 동안
탐욕의 옷 한 겹 벗지 못한다면

허공을 밟고 쏟아지는 햇살 단단히 붙잡아 못다 이룬 꿈 가슴 한가운데 봉인한 후엔
잘못 살아왔다는 느낌이 순식간에 들기도 할 텐데
눈길 닿는 어느 외따로운 곳에

둘러멘 짐 내려놓을 수 있을지 모르겠구나

　맛문한 발자취가 깊숙하게 패인 이마의 주름살에 모아졌는지 손에 잡힐 듯 멀어져간 이름들을 불러 보며
　처음 가다듬은 맹세조차 햇살 닿는 곳으로
　오랫동안 이어지진 않을 것 같단 근심걱정에 휘둘리어

　들쑥날쑥한 맘속을 털어놓고 넘나들어야 할 수많은 낯선 길들 기웃거리다가

　그래도 내일을 향해 날아오르려는 것들 추슬러 보려
　쉽사리 떼어지지 않는 발걸음 지르밟고
　무너지려는 마음 다잡아 보련다

한성근의 시세계

행복의 꽃을 피울 때까지

차성환 (시인, 육군사관학교 국어철학과 강의전담교수)

한성근의 시세계

행복의 꽃을 피울 때까지

차성환 (시인, 육군사관학교 국어철학과 강의전담교수)

　한성근 시인은 《인간과문학》으로 등단한 이후 매해 시집을 묶어 내는 등 왕성한 시작詩作을 보이고 있다. 삶의 황혼에 찾아온 시에 대한 열정은 수그러들지 않는다. 그의 시 세계는 점점 더 그윽한 향기를 품고 활짝 만개하는 형상이다. 《발자국》(2019), 《부모님 전 상서》(2020), 《바람의 길》(2021), 《채워지지 않는 시간》(2022), 《또 하나의 그리움》(2023), 《떨려온 아침 속으로 냅떠 날리다》(2024)에 이어 일곱 번째 시집 《닿을 듯이 멀어지는 우연처럼》에는 삶을 향한 뜨겁고 간절한 시인의 육성

肉聲이 담겨 있다. 지나온 삶에 대한 반추와 회한이 가득하지만 이러한 되돌아봄은 그 속에서 인생의 진실한 가치를 찾고자 하는 의지에서 비롯된다. 시인은 욕망과 허물로 가득한 세상에 휩쓸리지 않고 '나'라는 존재에 대한 성찰로 나아간다. 이 시대의 진정한 행복은 무엇인지를 사유한다.

    제 부끄러움 덮어씌운 꼼짝 않는 날들을 끌어당긴다
    낯 두꺼운 변명으로도 소용없을 것 같은
    흔적마저 자취를 감춰 버린 어슴푸레한 기억들이
    불쑥 먼 내력 앞세워 아름아름 되살아나와
    어줍은 똬리를 틀고 앉아 사유思惟의 사유事由를 하나씩 꺼내 깊은 곳까지 들춰 볼 적마다
    몇 번이고 헛디딘 발목이 휘청거렸다
    마른하늘 아래서 보란 듯 꽃피우고 싶은 속셈이야 누구라도 부려 본 수작일 성싶어
    아물지 않은 생채기를 달래려 저 혼자 새벽이슬 밟는
    못 잊을 정 잊지 말자 여윈 눈물 깨물어 다짐해 보지만
    가들막이 들려오는 뿌리치지 못한 유혹들을
    단단한 옹이의 마디 위에 걸어 놓은 채
    한결같은 모양새로 너무 오래 버티다 보면
    낡아 빠진 고집 속에 갇혀 버린 억지가 센 껍데기만 남아 처음과 끝은 터무니없게도
    늘 명치끝을 기웃거린 근심걱정들로 장사진을 칠 텐데
    마음 한구석 비우는 일이 그리 쉬운 일이더냐고

멋모르고 떠오른 연민의 편린들이 외곬으로만 멀어져갈 땐 살아온 궤적만큼 애가 달아 안절부절못할지라도

시퍼렇게 울음 타던 그때 그 시절로 돌아가

뒤척이던 바람 소리 밤새워 들으며

내가 몰랐던 것들 위해 늦은 용서 빌려고 한다

때로는 주저로운 그리움에 목말라 하면서

수면 아래로 가라앉았을지도 모르는 순간들에 대하여

떠오르면 이내 지워지고 지워졌다 싶으면 벌써 제 자리를 서성거렸을 뜨악한 모습 앞에 두고

쉴 새 없이 빈 술잔 채우듯

무념의 자세 바로 하려 닦아세워 보련다

지금 당장 어디엔가 있을 것만 같은 다짐의 뜻을 품은 눈빛들이 스스로를 비춰 보기 위해

되풀이하여 길을 잃던 갈림길에 선 채로

여미지 못한 가슴 남몰래 열어 보려 했던 것들 한 올 한 올 풀쳐내면

희망찬 미래를 꿈꾼 사람들 모두

더욱 밝아진 모양새로 절망의 그늘 벗어날 수 있으리라

― 〈생각을 생각하는 동안〉 전문

살다 보면 "생각"에 "생각"이 꼬리를 무는 때가 있다. 과거에 나는 왜 그런 행동과 말을 했을까. 좀 더 좋은 선택을 할 수 있지 않았을까. 시인은 "제 부끄러움 덮어씌운 꼼짝 않는 날들"을 곱씹으면서 자신의 과거에 빠져든다. "낯 두꺼운 변명으로도 소용없을 것 같은" "어슴푸레한 기억들"이 계속해서 "되살아나

와' '나'를 괴롭히는 것이다. 그 "기억" 속에는 "아물지 않은 생채기"도 있고 "여윈 눈물"과 "뿌리치지 못한 유혹들"이 새겨져 있다. 괴로운 "기억"에서 벗어나고 싶지만 오랫동안 "마음" 속에 쌓아둔 것이기에 그것을 비우는 일은 쉽지 않다. 이제는 놓아줄 만도 할 텐데 쉽사리 잊히지 않는 기억들. 모든 것이 미숙하기에 나 한 몸으로 "시퍼렇게 울음 타던" 젊은 날이었다. 끌어 오르는 욕망 때문에 스스로 자신에게 상처를 주기도 하지만 가족과 주변 사람들에게도 상처를 줄 수 있는 시절의 이야기이다. 그 시절 미처 "내가 몰랐던 것들 위해 늦은 용서"를 빌고 싶은 이 "마음"은 간절한 기도와 같다. "때로는 주저로운 그리움에 목말라" 했던 기억도 있을 것이다. 되돌아가고 싶은 청춘의 한순간을 마주하지만 이미 지나간 과거에 지나지 않는다. 거기에 집착해 "제 자리를 서성거렸을 뜨악한 모습"을 발견한 시인은 과거에서 벗어나려고 한다. 인생의 험한 길을 돌고 돌아 과거의 자신과 대면하는 시인의 모습은 순례자를 닮아있다. 그의 시는 지난 생生을 반추하면서 회한悔恨을 토해내는 고해성사와 같다. 그러나 여기에 머무르지 않고 이 모든 것을 "무념의 자세"로 이겨내려 하는 극복의 의지를 보여준다. 기억에 갇혀서 헤매는 자는 "절망의 그늘"이 드리운 자이다. 과거에 붙잡힌 사람은 현재를 살 수 없고 "희망찬 미래"로 나아갈 수 없다. 한성근 시인은 밝은 햇살이 비추는 삶으로 나아가기 위해 무거운 발걸음을 힘겹게 옮긴다.

어디에 내세워도 부끄럽지 않을 일세一世를 풍미했지만

어느 때쯤 모두 다 떠나야 할 한순간에 가선
가진 자와 없는 자의 분별은 의미가 없어진다는데
하나같이 발가벗은 빈손이기 때문이리라

마음속엔 아득바득 제 것만 탐하다가
남이 볼 땐 자비로운 가면을 쓰고 데면데면 둘러치는
끝도 없이 부풀어 오른 욕심주머니를
정색하고 붙들어 안은 채 눈시울 붉힌 사람들까지

훤히 보인 물속처럼 투명한 여명 속에서도 그때마다
잦지 않게 다가올 날들 마중하기 위해서라면
입발림으로는 아무도 들여다보지 않는 몸짓인양
날개를 솟구쳐 허공이라도 끌어안으려 버둥거렸을 테니

바람에 휩쓸려간 발걸음 소리 무심코 들으려고
깨닫지 못한 허물을 다짜고짜 꾸짖어
뒤척거린 자리마다 생겨난 오독汚瀆은 씻어내야겠다

- 〈오랜 다짐 무너진 뒤에야〉 전문

긴 터널과 같은 삶을 통과하고 나서 깨닫게 되는 것은 무엇일까. "어디에 내세워도 부끄럽지 않을" 한 세상을 살았다고 생각하지만 결국 마지막 죽음을 목전에 두고서는 "모두 다" "하나같이 발가벗은 빈손"이 된다. "가진 자와 없는 자의 분별"이 더 이상 "의미" 없는, "떠나야 할 한순간"에 당도하는 것이다. "자비로운 가면"을 쓰고 있지만 실상은 "마음속엔 아득바득 제 것만 탐하"는 자들이 있다. 마지막 "떠나야 할 한순간"에도 "끝도 없이 부풀어 오른 욕심주머니를/ 정색하고 붙들어 안은 채 눈시울 붉힌 사람들". 삶의 욕심과 미련을 내려놓아야 하는데 끝까지 "허공이라도 끌어안으려 버둥거"리는 그 모습은 안타깝기 그지없다. 시인은 행여 그런 이들과 같은 말로를 보일까 봐 자신의 몸과 마음을 바르게 다스린다. 혹시 자기 안에 "깨닫지 못한 허물"을 없는지 되돌아보고 "뒤척거린 자리마다 생겨난 오독污瀆"을 씻어내는 것이다. 한성근 시인은 자신을 더럽히는 생각과 욕망에서 벗어나려는 수신修身의 자세를 줄곧 견지한다. "저무는 가을녘 서걱거리는 갈대처럼 제 몸 흔들어/ 비워낼 순 없을까"(〈하루 끝에 서서〉). 내 안에 "가시지 않는 허망한 욕심덩어리"(〈귓바퀴에 소리를 담아〉)를 밀어내며 인생의 진실한 가치란 무엇인지를 끊임없이 사유한다.

> 지나온 삶은 처음부터 외따로운 여명 속에 있었으나
> 쏟아지는 몇 가닥 별빛이라도 헤뜨리려는 듯
> 풀잎의 속삭임에 귀 내어주고
> 바람이 지절거린 산등성일 바라보고 있다
> 마음속까지 비웠다고 다짐했는데
> 눈시울 붉어진 찻집에 고즈넉하게 앉아
> 떠나간 사람들의 이름 뒤미처 불러 보려한 순간

어디선가 이명 같은 소리 연신 들려와

생각만으로도 가슴 떨려 온다

하루 종일 가슴팍 내리누른 것들 어루만지며

기억 못한 무욕을 향해 전하고 싶은

겉모습 잠깐 드러낸 슬픈 그 한마디의 넋두리를 드리워

사랑하는 사람 눈물 그렁그렁한 채 기다리다가

입술마저 감춰 물은 정적 속에서

꽃들이 벙글거리는 것 같은 그리움 일어

발끝걸음으로 다가선 날들 맞이할 수 있다면

그땐 식은 찻잔 서둘러 덥히며 제자리를 다독여 보리라

- 〈식은 찻잔 서둘러 덥히며〉 전문

시인은 "지나온 삶"을 되돌아보면서 모든 미련을 버리고 "마음속까지" 비우려고 한다. 하지만 "떠나간 사람들"이 떠올라 자신도 모르게 "이름"을 부르려는 순간에는 "어딘가 이명 같은 소리"가 들리고 "가슴"이 떨려온다. "떠나간 사람들"은 죽음으로 생을 달리한 사람도 있고 인연이 다해 멀어진 사람도 있을 것이다. 생의 욕망을 모두 떠나보내려고 해도 잊을 수 없는 것이 바로 내 곁을 지켜준 "사람들"이다. 그 "사랑하는 사람"이 생각 날 때면 시인은 "하루 종일 가슴팍 내리누"르는 것처럼 온몸을 앓는다. "무욕"을 지향하지만 "사랑하는 사람"은 포기하지 못하는 것일까. 시인은 "사랑하는 사람"을 향한 "꽃들이 벙글거리는 것 같은 그리움"으로 앞으로 "다가선 날들"을 맞이하기를 소원한다.

한성근 시인의 시는 주로 삶에 대한 회오悔悟와 수신修身의 고백으로 채워져 있지만 그 가운데에 사람을 향한 그리움을 뜨겁게 토해낸다. "엉킨 실타래 같은 연줄 사이로 어느 날 내게 홀연히 다가와서/ 만나기 전부터 이별을 약속한 것처럼/ 지울 수 없는 아픔만 남겨 놓고 떠나간 사람아"(〈기다림조차 멀어져 간〉)라고 격정적인 모습을 보이며 "꺼내 보일 수 없는 그리움"(〈늘 새로우라고 일깨우고 싶은〉)에 시달린다. 또는 "지금껏 잊히지 않은 너의 이름 아름드리 떠받치고 있는 황혼의 노을 바라보면서/ 그땐 닿지 못한 인연이었지만 사랑했었다 말하고 싶다"(〈마음 10〉)며 뒤늦은 사랑의 고백을 나지막이 읊조리기도 한다. 시인은 마치 "그리움에 물들어간 소용돌이 속의 파문"(〈애써 못 잊은 누군가를 향해〉) 속에 있는 듯하다. 그는 하나의 깨달음을 향해 바투 다가선다. 그가 바라보는 것은 '사람'이다.

> 성긴 파지들이 설핏하게 누워 있는 리어카를 일흔 살은 훨씬 넘어 보임직한 할머니가 끌어가다 말고 발걸음 멈춰 세워 몇 발짝 뒤에서 발 동동 구르는 사십 즈음 중년 여자를 향해 오라는 손짓을 한다 눈앞에서 엄마가 멀어지면 안절부절못하는 서너 살 정도 지능을 가진 딸인 듯싶다 길 위에서 저들은 얼마나 많은 시간 동안 서로 마주보며 지냈을까 생각하니 기구한 운명에 가로놓인 두 모녀의 생애가 두서없이 한순간에 펼쳐져 금방 눈시울이 붉어졌다 저 할머니 가슴팍은 어쩌면 사금파리처럼 조각조각 금이 가 있으리라 한평생 자식의 손과 발이 되

어 준 사랑과 헌신 앞에 새삼스레 절로 고개 숙여져 나는 내 어머니를
위해 마음 다한 정성 언제 한 번 기울인 적 있었던가 손꼽아 보니 접힌
손가락 하나 없다 얼음장같이 굳어 버린 발걸음 한 발짝도 떼지 못한
채 무슨 말 못 할 천형의 죄라도 지은 사람 마냥 시름겨운 두 모녀의
뒷모습이 어스름 속으로 멀어지는 것을 북받쳐 오른 고뇌에 찬 눈빛으
로 고갤 떨구고 바라보다가 계속해서 희망의 불씨를 지켜 나가길 간절
히 염원하고 있었다

― 〈하해지택河海之澤〉 전문

"성긴 파지들"이 쌓인 "리어카"를 끌고 있는 한 "할머니"가 눈에 들어온다. "사십 즈음 중년 여자"가 "할머니"를 뒤따르고 있지만 가만히 보니 "서너 살 정도 지능을 가진 딸"이라는 것을 알게 된다. 다 큰 중년 여성이 어린아이가 엄마에게 투정 부리듯이 "할머니" 뒤를 따르고, "일흔 살은 훨씬 넘어 보임직한 할머니"가 중년의 딸을 어린아이 달래듯이 대하는 모습에 시인은 가슴이 몹시 아팠나 보다. 장애를 가진 "딸"을 돌보며 살기도 버거울 텐데 "할머니"가 "리어카"로 "파지"를 줍는 일을 하니 그 한 생애가 얼마나 힘들었을지 짐작이 간다. "사금파리처럼 조각조각 금이 간" "할머니 가슴팍"을 본 것처럼 먹먹하다. "할머니"가 보여줬을 "한평생 자식의 손과 발이 되어 준 사랑과 헌신"은 가없이 깊고 넓을 것이다. 비단 "할머니"뿐만 아니라 세상의 모든 "어머니"는 자식을 위해 모든 것을 내어주리라. 시인은 뒤늦게 "어머니"의 사랑을 떠올린다. 큰 강과 바다와 같

이 크고 넓은 "어머니"의 은혜에 무엇으로도 갚을 길이 없음을 괴로워한다. "두 모녀의 생애" 앞에서 쉽사리 발길이 떨어지지 않는다. 그들이 끝까지 "희망의 불씨를 지켜 나가길 간절히 염원하"는 것이다. 시인은 다른 작품에서도 다음과 같이 말한다. "우리네 일상도 살아가다 보면 이토록 맨 바람에 마른 흙 뒤집어쓴 우스운 꼴 되어/ 함께하는 이웃들의 위로가 절실할 때도 있겠다 싶어/ 망각의 눈동자에 헛바람만 부여잡아 뒤척거리지 말고 이루고자 하는 미세한 떨림이/ 계속되는 한 희망을 잃어버리면 안 되겠단 생각 섣불리 떠올려 본다"(〈돌이켜 본 삶의 자세〉). "기구한 운명에 가로놓인 두 모녀" 앞에서 삶의 "희망"을 떠올린 것처럼, 우리의 삶 속에서 잊어버리지 않아야 할 것은 바로 사람에 대한 믿음이다. 시인은 "어머니"의 "사랑"과 "함께하는 이웃의 위로"가 "희망"이라는 것을 깨달은 것이다. 그에게는 생의 과거에도 '사람'이 희망이었고 다가오는 미래에도 '사람'이 희망일 터이다.

강보에 싸인 손녀 예빈藝賓이 너를 맨 처음 본 순간

세상 하나 통째로 거저 선물 받은 것처럼

북받쳐 오른 마음 이내 뭉클해져

이루 형용하기 어려운 기쁨의 함성 내지른 채

하마터면 그 자리에 주저앉을 뻔했다

초롱초롱한 여린 눈망울과 마주친 그때부터

티 없이 맑은 천사 같은 모습은
우리의 절묘한 만남을 축복하려는 듯
발걸음마다 이어진 길 환하게 비쳐준 것 같아
아로새긴 나날 속에 여민 옷깃 잇따라서 다독거려진다
이따금 꽉 쥔 손가락 바동거릴 적엔
무엇과도 바꿀 수 없는 행복 잊지 않고 안겨다 준
하나뿐인 눈부처같이 보였으니
온 누리가 맺어준 놀랄 만한 인연임에 틀림없나 보다
언제까지나 간직해야 할 내 생애 최고의 축복인 양
이제는 자나 깨나 예빈藝賓이 너만 지켜보면서
남은 혼신의 힘 나도 모르게 기울여가며
넘쳐난 사랑으로 함께할 것을 고스란히 다짐해 본다
- 〈너를 맨 처음 본 순간〉 전문

생애 처음 "손녀"를 안은 기쁨일까. "세상 하나 통째로 거저 선물 받은 것처럼/ 북받쳐 오른 마음"을 가누기 힘들 정도이다. "손녀 예빈藝賓"은 "티 없이 맑은 천사 같은 모습"에 "초롱초롱한 여린 눈망울"을 가지고 있다. 한 생명을 안아 드는 것은 "무엇과도 바꿀 수 없는 행복"이고 "생애 최고의 축복"이다. 그 "어린 눈망울"과 눈이 마주쳤을 때 서로의 눈에 "눈부처"가 맺혔을 것이다. 서로의 "눈망울"에 비친 자신을 바라보는 일은 "사랑"의 일이다. '나'의 "눈망울"에 눈앞의 사람을 품는 일이다. 우리가 생의 절망에 빠져 있더라도 포기하지 말아야 할 것은 이 "눈부처"이지 않을까. 서로를 바라보고 서로의 눈에 그 사람을 담는 것이야말로 "사랑"의 시작이자 전부라고 할 수 있다. 그것이 "무엇과도 바꿀 수 없는 행복"인 것이다.

묵묵히 제 앞길 열어 나가는 사람들의 허술한 꿈일지라도
두 번 다시 돌아오지 않을 삽시간을 깨우쳐
한 걸음 물러선 마음 움켜잡을 때
행복은 그 속에서 저절로 움트지 않을까 싶다

맨주먹 하나 움켜쥐고 먹물 같은 세월에 묻혀
푸르게만 고인 희망 촘촘히 새긴 청사진 떠올릴 적이면
도드라진 가슴은 터질 듯 두근거렸을 텐데

행복이란 먼 훗날에 다가오는 것이 아니라
바로 코앞에서 기척도 내지 않은 채
저마다 가부좌를 튼 모습으로 자리 잡고 있는 것 같아

지금이란 순간 잠재울 때마다 아렴풋한 눈시울에 드리워져
깊은 속내까지 알아차릴 방법 보이지 않는다지만
어둠과 빛의 틈바구니 채워 줄 생각 끝으로 깃든 믿음을
에두른 심연 속에 간직해가면서
아직 오지 않은 용기마저 잃어버리지는 말자

― 〈힘들다고 생각할 때마다〉 전문

"행복"은 어떻게 오는 것일까. 시인이 "행복"에 대해 "저마다 가부좌를 튼 모습으로 자리 잡고 있는 것"이라고 했을 때, 이는 과거의 욕망에서 벗어나 무욕의 상태를 이른 순간을 뜻할 것이다. 그러나 창조적인 오독誤讀이 가능하다면, 시인이 숨겨놓은 또 다른 "행복"의 의미를 찾을 수 있다. 앞에서 읽은 시 〈너를 맨 처음 본 순간〉에는 시인이 경험한 지복至福의 순간이 담겨 있다. 눈망울에서 '눈부처'를 발견하는 것이 "행복"이라면, 여기서 말하는 "가부좌를 튼 모습"은 서로의 눈동자에 맺힌 '눈부처'일 수 있다. "가부좌를 튼 모습"은 '부처'를 떠올리게 하고 "코앞에서 기적도 내지 않은 채" 있다는 것은 코앞에서 서로의 눈망울에 서로를 비추고 있는 형상을 암시하고 있기 때문이다. "바로 코앞에서 기적도 내지 않은 채/ 저마다 가부좌를 튼 모습으로 자리 잡고 있는 것"은 '눈부처'이고 삶의 가장 커다란 "행복"이다. "행복은 그 속에서 저절로 움트"는 것이다. 나는 한 사람을 온전히 내 두 눈 속에 담아낼 수 있는가.

우리는 모두 "맨주먹 하나 움켜쥐고 먹물 같은 세월"을 지나왔다. "허울뿐인 욕망의 틈바구니"(〈마음 둘 곳 바이없어〉) 속에서 "제풀에 겨운/ 슬픈 짐승 같던 미완의 시절"(〈떨려 온 아침 속으로 냅떠 달리다〉)을 지나 어느덧 황혼 앞에 서는 순간이 온다. "산다는 것은 마주 보는 빈손을 다독거려/ 정처 없이 떠돌다가 노을빛 가로지른 저녁 길 위로/ 빈 마음 하나 남겨 두고 떠나가야만 하는/ 불가해의 행로인지도 모르겠구나"(《마주 보는 빈손을 다독거려》). 한성근 시인은 '시인의 말'에서 "진실된 마음 하나/ 세월 저편 기슭에 부려 놓으면 그만"이라고 남겨 놓았다. 시집 《닿을 듯이 멀어지는 우연처럼》에는 그의 '진실된 마음'이 담겨 있다. 아집과 욕망을 내려놓고 지금의 순간에 충실해야 한다. "욕심이 지나치면 왔던 행복도 돌아서는 법"(《마음 14》)이다. 행복은 사랑하는 사람을 마주 보는 것으로도 충분하다. 그의 시는 삶의 진정한 가치를 깨달은 자가 마지막 남은 생애에 토해 놓는 뜨겁고 곡진한 노래이다. "자기 분수에 만족할 줄 아는 서릿발 치는 촌부의 염원"(《하나의 마음이 되어》)이기도 하다. 그는 "삶을 통찰하는 물음표"(《오로지 오늘뿐인 것처럼》)를 끊임없이 던지고 "벼랑 끝에 서서 다시 시작한다는 마음으로"(《하루의 꼬리를 늘여》) 하루하루를 나아간다. 때로는 인생에 대해 죽비竹篦와 같은 깨달음을 내려치고 때로는 사람에 대한 그리움에 눈시울을 적신다.

우리의 삶은 "무언가를 잃어버린 듯한 덧씌운 도돌이표"(《한 줄의 참회록을 쓰듯》)로 한없이 맴돌고 있지는 않은가. 어느 순간 "잘못 살아왔다는 느낌"(《여태 뭣하며 살아왔나 싶을 때마다》)이 들 때 이 시집을 꺼내 보기 바란다. 한성근 시인은 생의 어둠 속에서도 끝까지 희망을 잃지 않을 것을 당부한다. "눈가에 젖어든 희망의 끈 놓아 버리진 말자"(《정색을 하고》). "오랫동안 바라던 기막힌 절정에 마침내 다다른 듯/ 온갖 가지 색깔로 기염을 토한/ 나뭇잎 위로 내려앉은 햇살 한 줌"(《햇살 한 줌 풀어놓은 채》)과 같이, 그는 우리 인생이 "주위를 환하게 밝히는 꽃과 같이 향기로울 수 있"(《마음 15》)기를 꿈꾼다. "옹이 박힌 세상의 한가운데를 벗어나기 위해선/ 어두운 하늘 막지른 새벽별같이/ 언젠가 꽃 피울 순간 도슬러"(《지켜야 할 약속처럼》)야 한다. 우리의 삶 속에 저마다의 행복의 꽃을 피울 때까지.

한성근 시집

닿을 듯이 멀어지는 우연처럼

인쇄 2025년 8월 25일
발행 2025년 8월 30일

지은이 한성근
발행인 이노나
펴낸곳 산사나무
주 소 서울특별시 종로구 창덕궁길 146-1, 302호
전 화 010-8208-6513
이메일 sansanamu22@hanmail.net
출판등록 제2022-000122호

저작권자 ⓒ2025, 한성근
이 책의 저작권은 저자에게 있습니다. 서면에 의한 저자의 허락 없이
내용의 일부를 인용하거나 발췌하는 것을 금합니다.

저자와 협의, 인지는 생략합니다.
잘못된 책은 바꿔 드립니다.

ISBN 979-11-989899-4-9 03810

값 12,000원